介護　福祉　医療

すべての方が知っておくべき!

ケアワーク・スキルアップ③

車イス介助のしかたとレクリエーション&ダンス

早稲田大学　教授・医学博士　前橋　明／編著
NPO法人コミュニケーションネットワークLinks理事長　渡辺則子／著

JN233033

ひかりのくに

はじめに

私たちが、いつの世も、絶えず求めているものは、「心身ともに健康な生活」です。
健康というものは、私たちの幸福の源であり、すばらしい一生を送るための基本的な条件でもあります。
身体が不自由で、車イスを利用しての生活を余儀なくされている方々にも、心身の健康を保ち、いきいきとした暮らしを実現していただきたいものです。そのためにも、個人的な努力だけでなく、すこやかな生活づくりを援助する側の理解と配慮、および、具体的な支援が必要です。
とくに、生活場面における介助の方法や、生活の質を高めるレクリエーションやダンスについて知ることは極めて有効です。
本書が、車イスのことについて知り、車イス利用者の方々の、より豊かな暮らしづくりを支援するための手引き書として大いに役立つことができればと願っています。

早稲田大学　教授・医学博士　前橋　明

病院や施設はもちろんのこと、街のいたるところで車イスに乗っている人を見かけるようになりました。車イスの後ろに介助者がいて、後ろから言葉をかけられている姿、みなさんもご覧になったことはありませんか。後ろから言葉をかけられて、人は充分に会話ができているのでしょうか。いいえ、人は正面を向き、笑顔で語れて初めて心が通い合うものなのです。このことは、生きている主体が『自分である』ことを自覚させ、アクティブな生き方へと導くものです。
『車イス！ 押すのは後ろ、心は前に！』これが共生の基本と考えます。
つまり、人は心が動いてこそ、身体が動くからです。心を動かす最大のパワーは、人の笑顔であり、想いに添ってくれる言葉です。それが自由に動きたいと願う想いに変わり、やがて車イスは身体の一部となって、いっしょに活動している人との間に一体感をもたらすのです。
このようにして生活の質を高めることで、家族がゆとりをもち、互いに笑顔の関係を再構築できるとしたら、家族の機能向上の一役を担うものにもなるでしょう。
この本は、心を大切にした車イス介助と身体運動を、ふれあった人と共に楽しんでいただきたいと願い、書きました。いつまでも人のぬくもりの中で、心が満たされれば幸いです。

NPO法人 コミュニケーションネットワーク Links理事長　渡辺　則子

レクリエーションについて

レクリエーションは、集団ゲーム的活動のみをさすのではなく、心身のためになる、あらゆることをさすもの、いわば、「QOL（生活の質）の向上」につながることと言えるのではないでしょうか。
効果も多様です。そのときを楽しく過ごすことは言うまでもありません。ほかの人とふれあうことによる喜び・感動、レクリエーション体験の結果生じる充実感・満足感・達成感といった情緒の改善、そして、動きを含むものでは、それにプラスして、身体を動かすことによる爽快感、各種運動スキルの向上、心肺機能・循環機能の向上、体力全般の向上、身体認識力や空間認知能力を高めるほか、大脳機能の活性化もあげられるでしょう。
本書に掲載したレクリエーションについても、まさに上に示したような効果が期待できるものとして紹介しています。ただし、各レクリエーションのページには、運動機能面を中心に、「このレクリエーションのねらい」を掲載しました。運動機能面での効果について、次のページの解説も参照しながら理解を深め、参加者の方にも説明していただければ、レクリエーションへの取り組みの意欲も高まると思います。

車イスの方とのレクリエーションの意義と、運動に関する解説

■車イスの方とのレクリエーションの意義

精神面 思いきり楽しめる環境を整えて、安心して活動することにより、情緒の解放・リラックスにつながります。

身体面 車イスの生活で、体を動かす機会も少なくなりがちです。少しでも体を動かし、いい汗をかく経験をすることで、動くことの心地よさを味わえます。心理的にもよい影響があります。

■レクリエーションの運動についての解説

本書の一つひとつのゲームにある「この運動のねらい（使っている動きのスキル）」の理解を深め、より意義深い運動を!!

さまざまな運動を、移動系の動き（歩く・走る・跳ぶ・スキップする・登る等）、操作系の動き（投げる・蹴る・打つ・取る・止める等）、平衡系の動き（バランスをとる・乗る・渡る等）の3つの運動スキルに分けることができます。また、「移動系の動き」に対して、その場で、押したり、引いたりする「非移動系の動き」（その場での運動スキル）というスキルの区分を用いる場合があります。これらの動きのスキルをバランスよく取り入れ、「楽しいレクリエーション」の中で紹介しています。運動を楽しいものとして、どんどん取り入れていってください。下記の解説や用語の理解を深め、意味のある運動として積極的に参加していただけるようにしましょう。

移動系の動き	操作系の動き	平衡系の動き
走る、スキップする、ギャロップする、跳ぶ、跳び上がって下りる、よじ登る、跳び越える、またぎ跳ぶ、くぐる、すべる、泳ぐ	投げる、蹴る、打つ、つく（まりつき）、たたく、つかまえる、受ける、運ぶ、担ぐ、下ろす、漕ぐ	片足で立つ、バランス立ちをする、乗る、渡る、逆立ちをする、浮く

用語の解説

◇本書の言葉の理解にお役立てください。
◇自分自身の運動に対する理解を深め、その運動は参加者の体のどういう面の向上に寄与するのかを考えてみましょう。
◇何かの折りに、運動についての説明をしていくとよいでしょう。

- **●筋力** 筋が収縮することによって生じる力のことを言います。
- **●瞬発力** 瞬間的に大きな力を出して運動を行なう能力。パワーという言葉で用いられます。
- **●持久力** 長時間継続して持ちこたえられる力。筋持久力と、全身的な運動を長時間継続して行なう呼吸・循環機能の持久力に分けられます。
- **●調整力** 異なった動きを1つにまとめて、目的に合った動きを円滑に、効率よく行なう能力。
- **●協応性** からだの2つ以上の部位の動きを1つのまとまった運動に融合したり、からだの内・外からの刺激に対応して運動する能力。
- **●平衡性** からだの姿勢を保つ能力。跳んだり、渡ったりする運動の中で、姿勢の安定性を意味する動的平衡性と、静止した状態での安定性を意味する静的平衡性があります。バランスという言葉で用いられます。
- **●敏捷性** からだをすばやく動かして方向を転換したり、刺激に対してすばやく反応する能力。
- **●巧緻性** からだを目的に合わせて正確に、すばやく、滑らかに動かす能力。器用さや巧みさのこと。
- **●スピード** 物体の進行する速さを言います。
- **●柔軟性** からだのやわらかさのことで、からだをいろいろな方向に曲げたり、伸ばしたりする能力。
- **●リズム** 音、拍子、動き、または無理のない美しい連続的運動を含む調子のこと。
- **●身体認識力** 身体部分（手、足、膝、指など）とその動き（筋肉運動的な働き）を理解・認識する力。自分のからだが、どのように動き、どのような姿勢になっているかを見極める力。
- **●空間認知能力** 自分のからだと自己を取り巻く空間について知り、からだと方向・位置関係（上下・左右・高低など）を理解する能力。
- **●移動系運動スキル** 歩く、走る、跳ぶ、這う、スキップする等、ある場所から他の場所へ動く技術。
- **●非移動系運動スキル** 「移動系の動き」に対して、その場で展開される運動スキル。その場で、ぶら下がったり、押したり引いたりする等。
- **●操作系運動スキル** 投げる、蹴る、打つ、取る等、物に働きかけたり、操る動きの技術。
- **●平衡系運動スキル** バランスをとる、片足で立つ、渡る、乗る、浮く等、姿勢を保つ動きの技術。

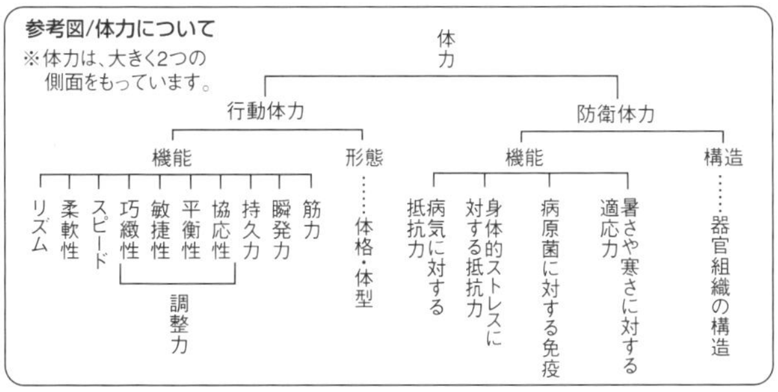

介護・福祉・医療の場で、そしてすべての方々へ

現在、日本は長寿社会となった反面、激増する要介護高齢者のケアの担い手とされる青少年が、減少しています。しかも、家族の介護力は低下の方向に向かっていることを考えますと、介護・福祉・医療の場のみならず、すべての方々に介護力が求められているといっても過言ではないでしょう。個人を大切にする手段、方法を少しでも身につけると同時に、21世紀は「心を重視した介護」を考えていきたいものです。

また、延命だけでなく、生活の質（QOL）を重視することや生涯にわたる健康づくり運動を積極的に進めることで、要介護高齢者をできるだけ作らない社会になればと願っています。

「老いは衰退」といったとらえ方は、活動意欲の低下につながります。活動意欲を向上させるには、個々のADL（1人の人間が独立して生活するために行う基本的な、しかも、各人ともに共通にくり返される一連の身体活動群）を高める働きかけが重要となります。ADLの構成の中の移動動作に欠かせないものとして、車イスがあります。車イスは、個人の可能性に目を向けさせ、心理面や社会面へのアプローチ効果を高めてくれるものです。

車イスを介助するために、四つのことを心がけていただきたいのです。一つめは、車イスの構造や動かし方などを理解することです。今日では、できるだけ個人の状態に合わせられるものとして、多種多様な車イスが出回っています。それぞれの特徴や各部の名称や働きを充分に理解することが安全につながります。二つめは、車イスをスムーズに動かせるようになることです。何度も練習をくり返して行ない、上手になることで利用者自身が車イスの安全性を介助者によって確認することができるのです。三つめは、利用者自身を知ることです。個々の性格や状態、病状、人生歴、運動レベル等を受容することで、心の面まで配慮した介助を実践することができます。最後に、コミュニケーションの手段として車イスを使ってのレクリエーションや車イスダンスの種類をできるだけ多く習得することです。車イスダンスの要素として、①くつろぎ、②気晴らし、③創造的レクリエーション、④心の安定の四つが考えられます。四つの要素を充分に発揮することで、健康の保持・増進や精神的疲労の回復、心をはずませ人と関わることの安心感などが得られるのです。

車イスの良さは、車イスに乗って生活圏から出かけるだけで機能訓練につながることです。しかも、自分自身を理解してくれる人を増やし、生きる喜びへと導いてくれることを考えれば、介助者の役割は大きなものとなるでしょう。

ともに、共生できる社会を、目指しましょう。

本書の特長と使い方

本書の特長

介護・福祉・医療関係の方のみでなく、すべての人が知っておくべき車イスの知識を、やさしく解説するとともに、その理解のもとに楽しめるレクリエーションやダンスについてもわかる本です。

- ●知っているようで知らない車イスの必修知識をイラストでわかりやすく解説!
- ●車イスの方をはじめ、大人も子どもも楽しめるレクリエーションでコミュニケーション力UP!
- ●車イスダンスの基本がイラストでわかり、「車イスでもこんなに動ける!」を実感してもらえる!

本書の使い方

下のように車イス介助についての基本や、より実践的な座ったままできるレクリエーションについて、介護・福祉・医療現場の方や、その方面をめざす学生の方、地域での介護・福祉活動をすすめる立場の方に、実践に役立つ内容を紹介しています。どこからでも「見て」使ってください。

●車イスのこと知ってますか?

車イスについて、知っておくべきことを、各部分の名称、点検項目、介助の基本について、ポイントごとにイラスト+要点解説!

イラスト中心に、見てわかることを基本に構成しています。

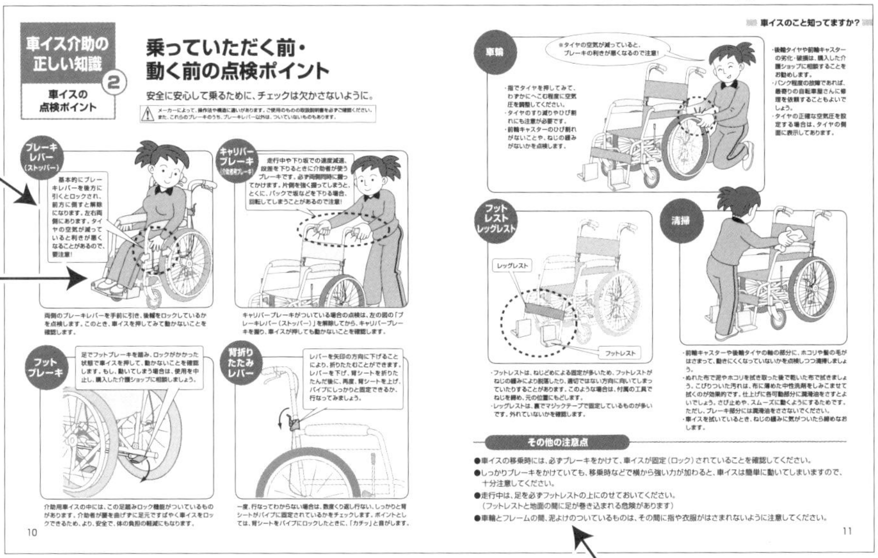

プラスαの現場サイドの知識もちりばめました!

レクリエーションを進めるにあたって必要な言葉がけがわかります。

●車イスで楽しみましょう ～座ったままできるゲーム～

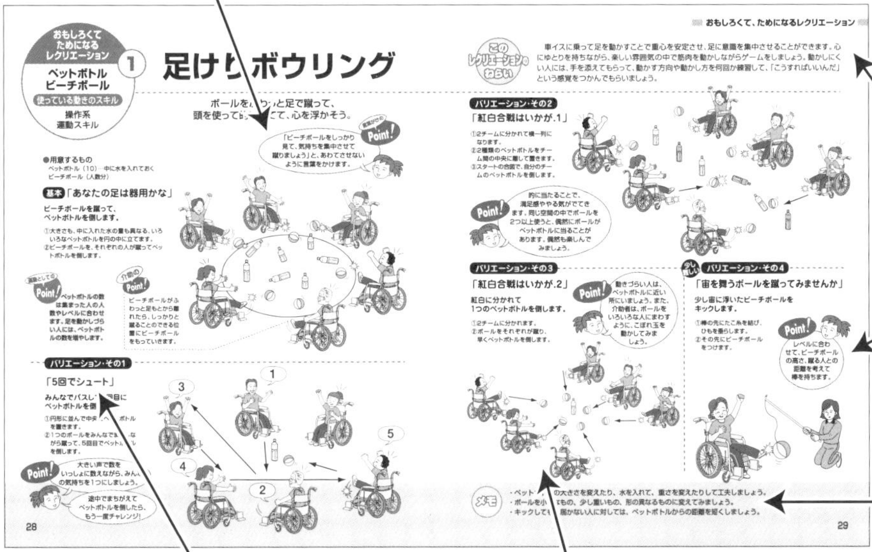

運動面の効果を中心に「ねらい」を解説! どんな効果があるかを参加者に説明しましょう!

レクリエーションを実施する上でのいろんな工夫についてわかり、より楽しく行なう力がつきます!

レクリエーションの中で、介護度の違う方も参加されます。そんなとき、何に気をつければよいかなどがわかります。また、運動面での効果などもわかりやすく解説。体のどこにどう良いかを参加者に説明すれば、意欲をもってもらえます。

レクリエーションの幅が広がるように、できるだけバリエーションを入れました。同じ準備物で何種類ものレパートリーが身につきます!

イラストを見れば、基本的に何をするかがイメージできます!

車イス介助のしかたと
レクリエーション&ダンス

CONTENTS

STAFF　本文レイアウト / ミューデザインオフィス　本文イラスト / 高田雄三・松本奈緒美　企画・編集 / 安藤憲志・赤下部恭子・長田亜里沙

車イスのこと知ってますか？

―車イス介助の正しい知識―

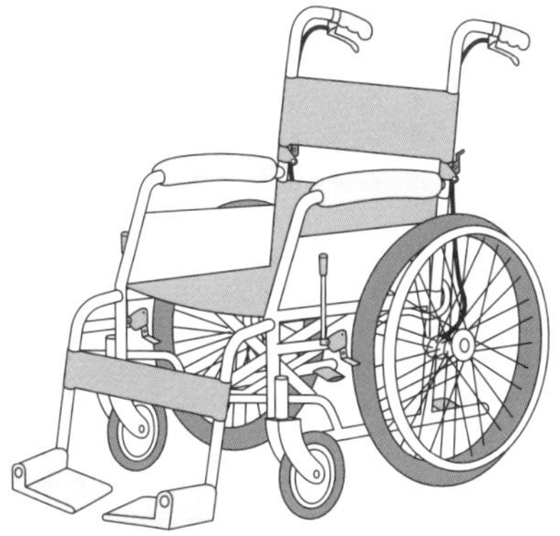

配慮すべきこと

車イスを利用し続けなければならなくなったとき、人は自分自身の姿に涙するのです。車イスを受け入れることは、自分の姿を知ることであり、他人の助けを借りなければならない事実を認めることになるのです。屋外での車イスの移動は、スムーズに行なえない厳しさがあります。だからこそ、介助者は利用者の心の状態を理解することと車イスの扱いを十分に熟知することが大切といえるでしょう。

子どもの場合の配慮

一般的に、子どもは、車イスを使用することに対する現実受容や自己受容が、大人に比べて十分にできない場合が多いため、より積極的な介助者のかかわりが必要となります。子どもとの関係性を深めるためには、子どもの言葉を否定せず、肯定的に対応することが大切になりますが、思っていることとは異なる言語表現を用いる場合もあるため、言葉の裏側にある子どもの気持ちや感情面に寄り添い、共感的に接していきましょう。

車イス介助の
正しい知識
1

車イスのこと
知ってますか？

各部分の名称と はたらきを確認しましょう

■ 車イスの名称と留意点（オーソドクスなもの）

※メーカーによって違う点はありますので注意してください。

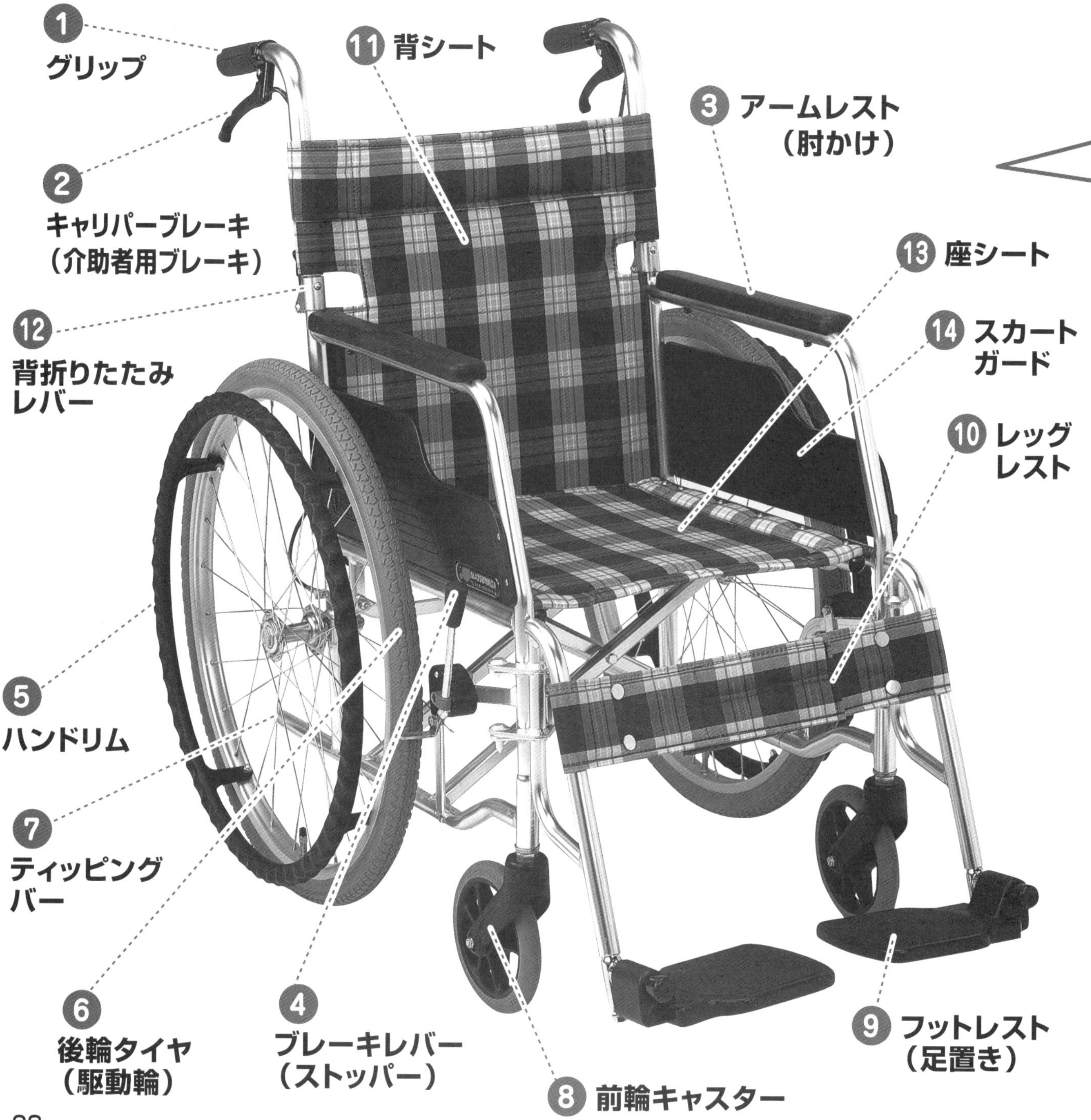

① グリップ
介助者が握って押す部分。

② キャリパーブレーキ(介助者用ブレーキ)
下り坂や下り段差などで減速するために使用します。
自転車のようにレバーを握ることでブレーキがかかります。

③ アームレスト(肘かけ)
ベッドやトイレへ移る場合を考えて、取り外し式や両開き式のものもあります。

④ ブレーキレバー(ストッパー)
左右の後輪についているものが多いです。乗り降りや止まるときは、必ずブレーキをかけます。車輪が動かなくするものです。

⑤ ハンドリム
利用者が自分で動かす場合、これを前や後ろに動かすことで操作できます。

⑥ 後輪タイヤ(駆動輪)
空気が抜けていないか、必ずチェックしてください。抜けてしまうとブレーキが利かなくなります。

⑦ ティッピングバー
介助者がこれを踏むと、てこの原理で前輪が前に持ち上がります。段差を越えるときに便利です。

⑧ 前輪キャスター
直径5〜6cmが一般的です。ゴミがついていると操作しづらくなるので、定期的に点検・清掃をします。

⑨ フットレスト(足置き)
乗り降りの際は上げておきます。利用者がここを踏んで立ち上がると、車イスがひっくり返る危険性があります。

⑩ レッグレスト
足が後方に落ちないように支えるものですが、利用者が自分で足を動かして操作するときは、はずしておきましょう。

⑪ 背シート

⑫ 背折りたたみレバー
運搬時などにコンパクトに折りたたむためのレバーです。

⑬ 座シート

⑭ スカートガード
衣服がタイヤに巻き込まれないようにするためのものです。

他にはどんな車イスがあるの?

最近の傾向のもの

●モジュール式

利用者の身体の状況に合わせて、幅・高さ・背もたれが調節できます。各パーツ部品を組み合わせて組み立てられるようになっています。

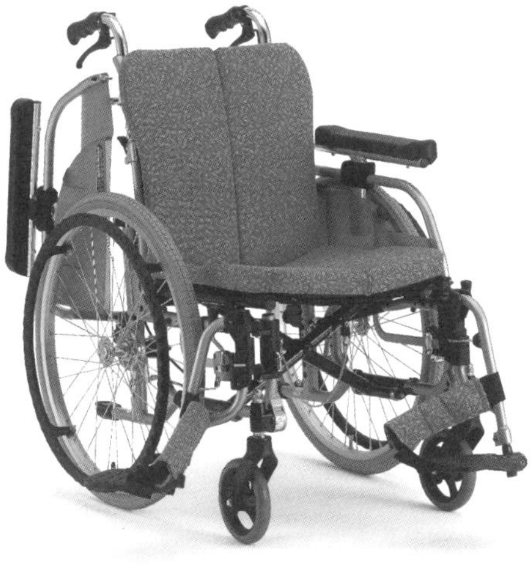

子どものためのもの

●子ども用

子どもの成長に合わせて車イスを設定するとともに、座位保持装置による身体の安定をはかれます。色どりの工夫で、子ども自身が乗ってみたいと思うようなデザインになっています。

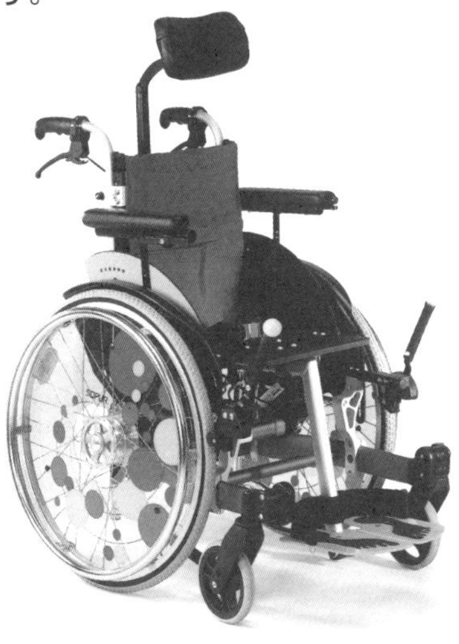

車イス介助の正しい知識 ②

車イスの点検ポイント

乗っていただく前・動く前の点検ポイント

安全に安心して乗るために、チェックは欠かさないように。

⚠ メーカーによって、操作法や構造に違いがあります。ご使用のものの取扱説明書を必ずご確認ください。また、これらのブレーキのうち、ブレーキレバー以外は、ついていないものもあります。

ブレーキレバー（ストッパー）

基本的にブレーキレバーを後方に引くとロックされ、前方に倒すと解除になります。左右両側にあります。タイヤの空気が減っていると利きが悪くなることがあるので、要注意!

両側のブレーキレバーを手前に引き、後輪をロックしているかを点検します。このとき、車イスを押してみて動かないことを確認します。

キャリパーブレーキ（介助者用ブレーキ）

走行中や下り坂での速度減速、段差を下りるときに介助者が使うブレーキです。必ず両側同時に握ってかけます。片側を強く握ってしまうと、とくに、バックで坂などを下りる場合、回転してしまうことがあるので注意!

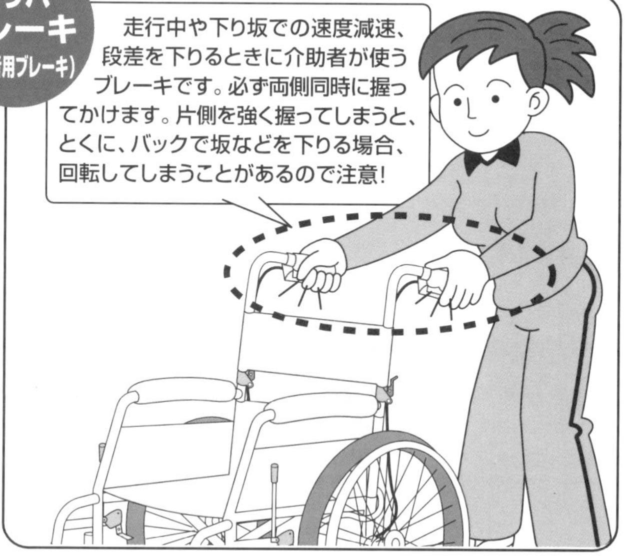

キャリパーブレーキがついている場合の点検は、左の図の「ブレーキレバー（ストッパー）」を解除してから、キャリパーブレーキを握り、車イスが押しても動かないことを確認します。

フットブレーキ

足でフットブレーキを踏み、ロックがかかった状態で車イスを押して、動かないことを確認します。もし、動いてしまう場合は、使用を中止し、購入した介護ショップに相談しましょう。

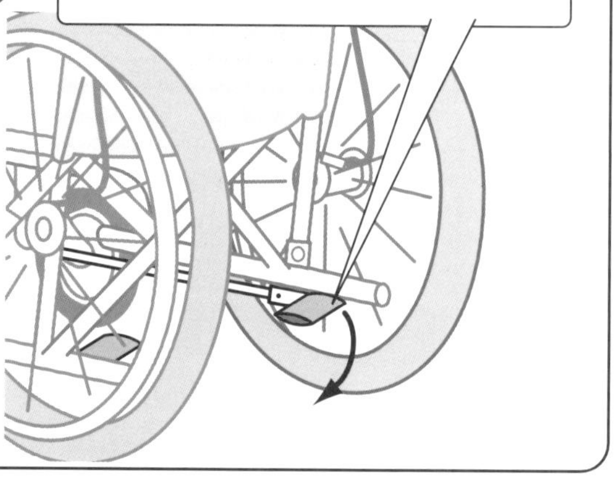

介助用車イスの中には、この足踏みロック機能がついているものがあります。介助者が腰を曲げずに足元ですばやく車イスをロックできるため、より、安全で、体の負担の軽減にもなります。

背折りたたみレバー

レバーを矢印の方向に下げることにより、折りたたむことができます。レバーを下げ、背シートを折りたたんだ後に、再度、背シートを上げ、パイプにしっかりと固定できるか、行なってみましょう。

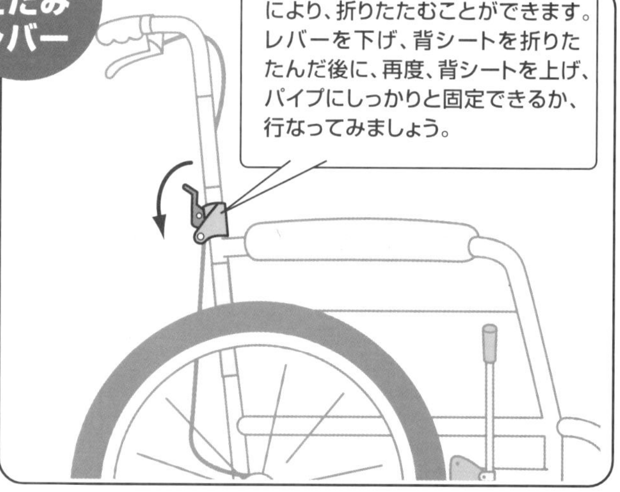

一度、行なってわからない場合は、数度くり返し行ない、しっかりと背シートがパイプに固定されているかをチェックします。ポイントとしては、背シートをパイプにロックしたときに、「カチッ」と音がします。

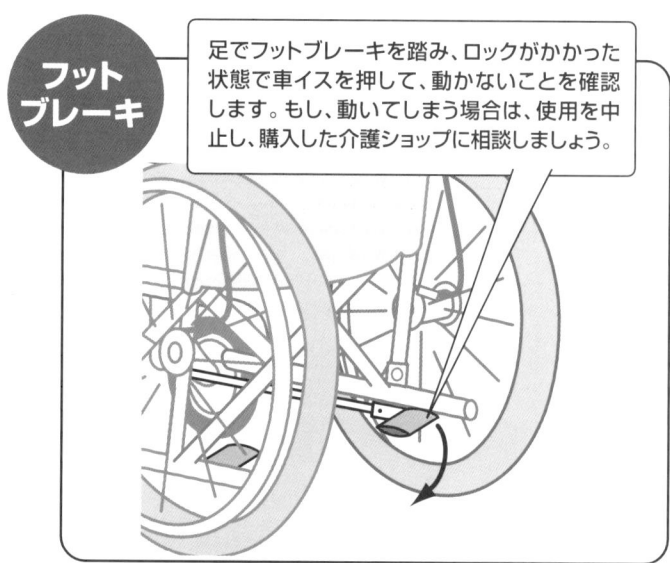

車輪

※タイヤの空気が減っていると、ブレーキの利きが悪くなるので注意!

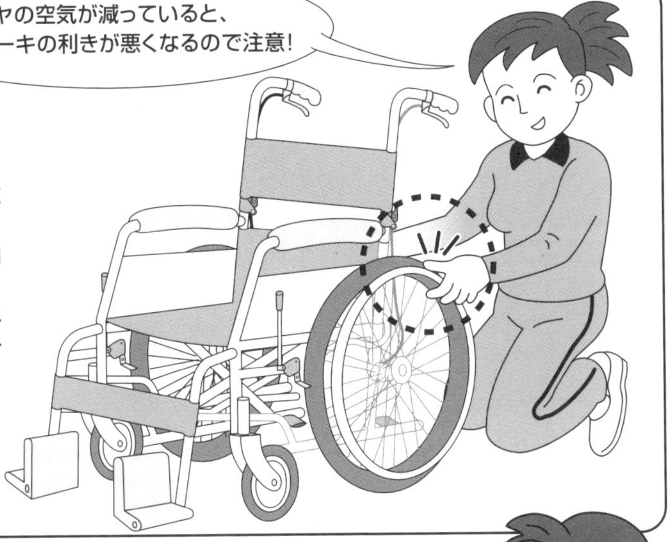

- 指でタイヤを押してみて、わずかにへこむ程度に空気圧を調整してください。
- タイヤのすり減りやひび割れにも注意が必要です。
- 前輪キャスターのひび割れがないことや、ねじの緩みがないかを点検します。

- 後輪タイヤや前輪キャスターの劣化・破損は、購入した介護ショップに相談することをお勧めします。
- パンク程度の故障であれば、最寄りの自転車屋さんに修理を依頼することもよいでしょう。
- タイヤの正確な空気圧を設定する場合は、タイヤの側面に表示してあります。

フットレスト レッグレスト

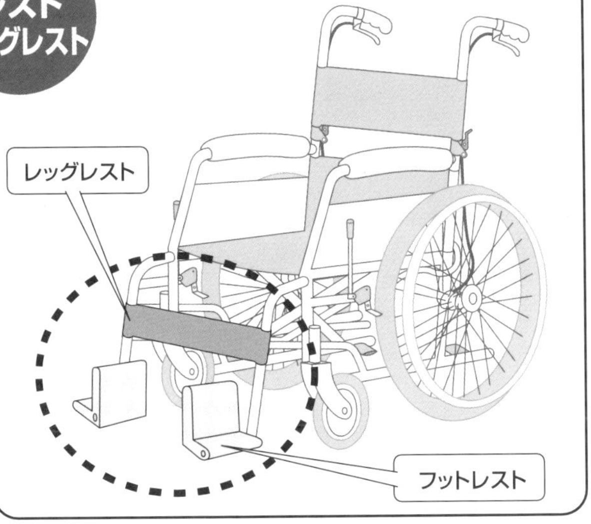

- フットレストは、ねじどめによる固定が多いため、フットレストがねじの緩みにより脱落したり、適切ではない方向に向いてしまっていたりすることがあります。このような場合は、付属の工具でねじを締め、元の位置にもどします。
- レッグレストは、裏でマジックテープで固定しているものが多いです。外れていないかを確認します。

清掃

- 前輪キャスターや後輪タイヤの軸の部分に、ホコリや髪の毛がはさまって、動きにくくなっていないかを点検しつつ清掃しましょう。
- ぬれた布で泥やホコリを拭き取った後で乾いた布で拭きましょう。こびりついた汚れは、布に薄めた中性洗剤をしみこませて拭くのが効果的です。仕上げに各可動部分に潤滑油をさすとよいでしょう。さび止めや、スムーズに動くようにするためです。ただし、ブレーキ部分には潤滑油をささないでください。
- 車イスを拭いているとき、ねじの緩みに気がついたら締めなおします。

その他の注意点

- 車イスの移乗時には、必ずブレーキをかけて、車イスが固定(ロック)されていることを確認してください。
- しっかりブレーキをかけていても、移乗時などで横から強い力が加わると、車イスは簡単に動いてしまいますので、十分注意してください。
- 走行中は、足を必ずフットレストの上にのせておいてください。
(フットレストと地面の間に足が巻き込まれる危険があります)
- 車輪とフレームの間、泥よけのついているものは、その間に指や衣服がはさまれないように注意してください。

車イス介助の正しい知識 ③

移乗時の注意

乗っていただくときは？
〜移乗時の注意事項〜

利用者の方の体の状態によって、
注意すべきところが違います。

■ 車イスのひろげ方・たたみ方

ひろげるとき

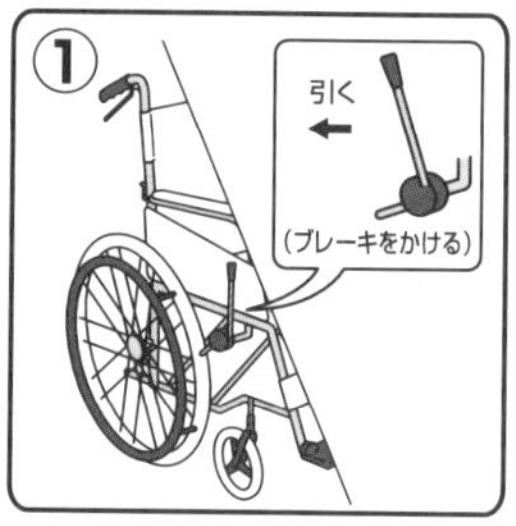

①車イスのブレーキを両輪にかけます。

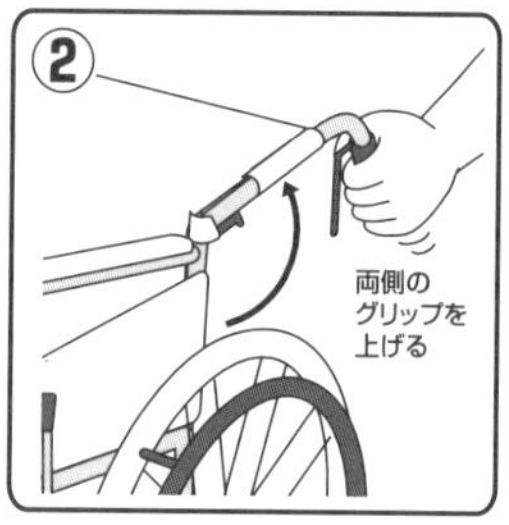

②両側のグリップを上げます。

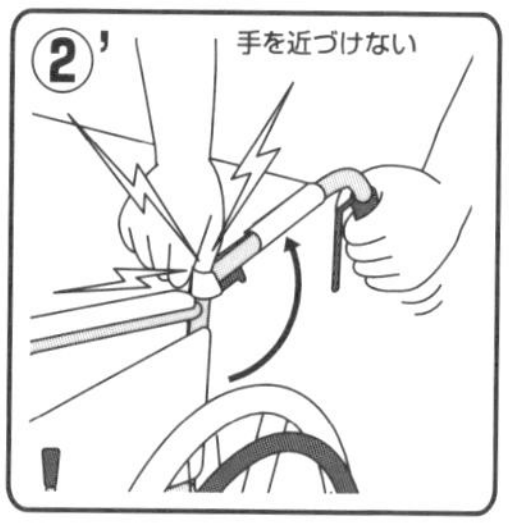

②'グリップを上げるとき、手指をはさまないように気をつけてください。

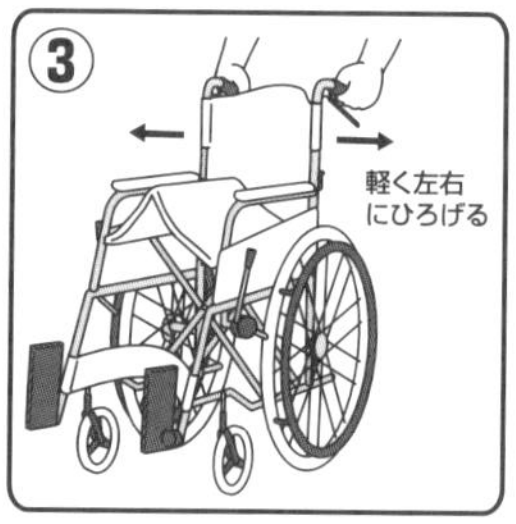

③グリップを持って軽く左右にひろげます。

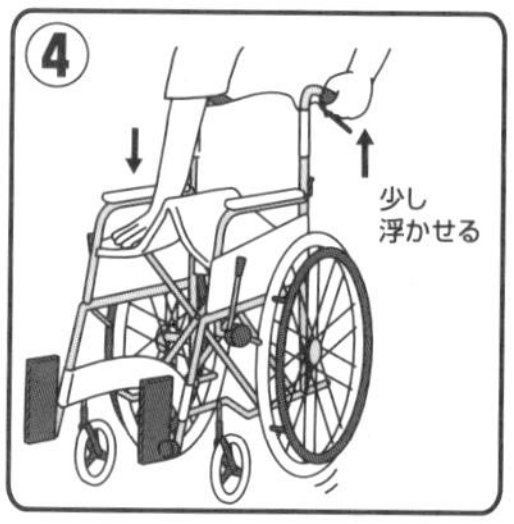

④片側の車輪を少し浮かせた状態で、車輪を浮かせていない側の座シートを、手の平で押し下げてひろげます。（シートを握らないでください。手をはさみ危険です）

たたむとき

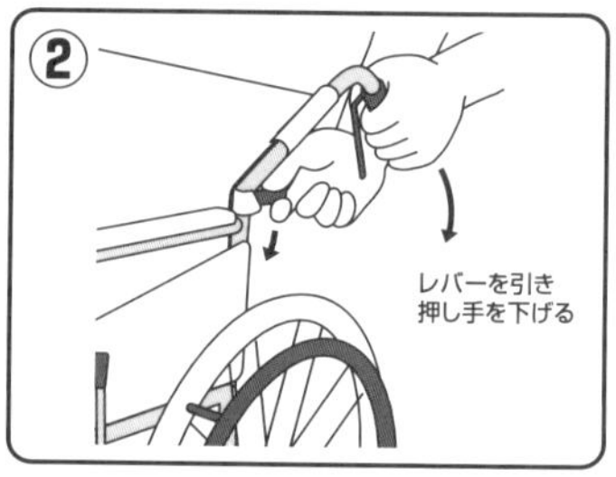

①車イスのブレーキを両輪にかけます。（上図①参照）
②レバーを引き、グリップを両側とも下げます。

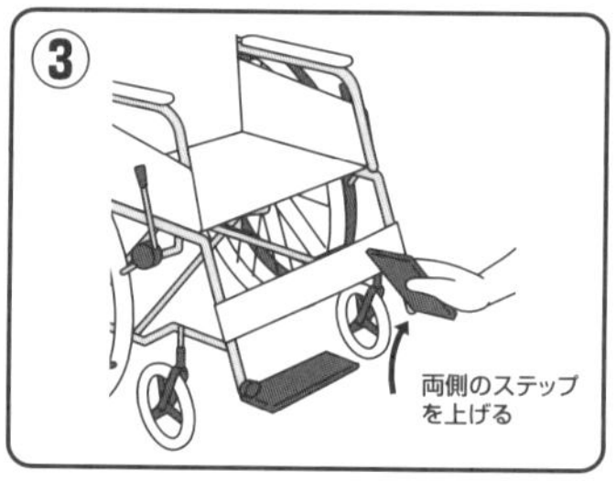

③両側のフットレストを上げます。

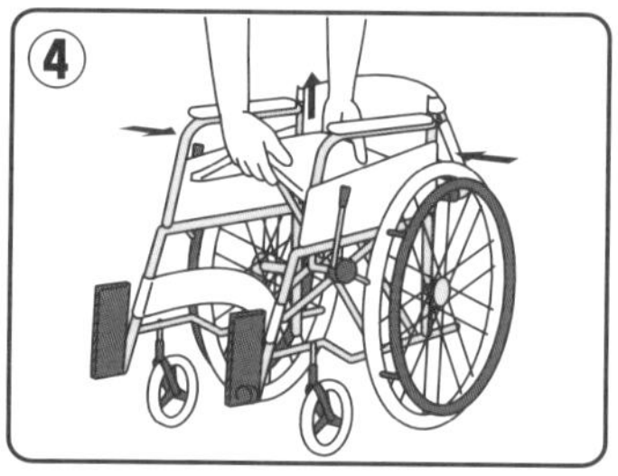

④座シートの中央を持ち上げ、左右をゆっくりと寄せます。両側から押さえてたたみます。（アームレストを握らずに）

■ 何とか歩ける方

- 日常生活において、杖や手摺り等に頼って歩行している方が、長距離の外出や、通院などに使用する場合とします。
- ブレーキレバー（ストッパー）がかかっていることや、フットレストが上がっていることを確認し、杖などを持っていない方の手で、アームレスト（肘かけ）を支えとして身体を安定し、ゆっくりと座るようにします。

■ 立つことはできるが歩行困難な方

●全身の筋肉が衰えていますので、座る行為に不安定さがあります。この場合、片手をアームレストに、もう片方の手は介助者の手の上に置いてしっかりと握らせて、体重をかけさせてあげましょう。

●ベッド生活が多く、全身の筋肉の衰えにより歩行困難で、何とか立ち上がれる程度の方であれば、介護用ベッド柵などを使うと、安定した立ち上がりと車イスへの移乗ができます。そのとき、介助者は本人の身体を後ろから支えてあげると安心して座ることができます。

■ 片マヒの方

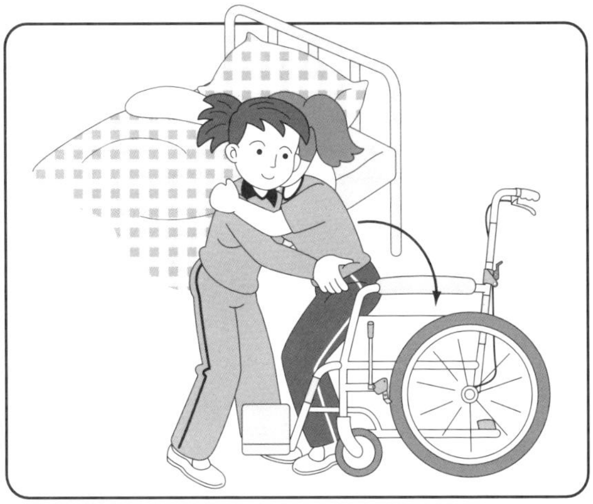

●車イスは、マヒのない側（健側）にベッドに対して約30度くらいの向きに置き、介助者の補助を借りながら乗り移る体勢になり、自分でアームレストにつかまるように促しましょう。

●体を動かすたびに重心が移動しがちになります。車イスに乗るときは、胴を支えて深く腰かけさせ、乗ったら体のバランスがくずれないように、マヒ側について補助しましょう。

●ベッド柵をマヒのない側（健側）の手でつかみ、身体を支えて移乗する方法もあります。

■ 下半身不随の方

●全介助の方は、介助者の腰の負担を考えて、2人での介助を心がけましょう。

●利用者の方に腕を組んでもらい、1人の介助者は後ろから利用者の方の脇の下から腕をくぐらせ組んだ腕をつかみます。もう1人の介助者は、利用者の方の前に立ち、両膝をかかえ、安定した形で移乗します。

●車イスに移乗した後は、マヒ側から片足ずつ、関節をゆっくり動かしつつ、フットレストの上に置きましょう。

その他の注意点

●介助者は腰に負担がかかりますから、腰痛防止のため、ストレッチをしましょう。
●車イスに移乗するときは、ブレーキを必ずかけてロックしておきましょう。そして、フットレストは上げておきましょう。
●片マヒの方には、自力で移動するようにサポートしましょう。
●介助者の姿勢が正しく安定することで、相手に安心感を与えます。
●移乗がよりスムーズにできるように、フットレストが取りはずせたり、アームレストがはねあがるタイプのものもあります。

車イス介助の
正しい知識
4
確認と声かけ

乗ったときの
確認のポイントと言葉がけ

確認のし忘れがないように、
「大丈夫ですね、動きますよ」と伝えてから、
ゆっくり発進します。

■ 乗ったときの確認ポイント

前に回って顔を見て、痛いところがないか、フットレストの上に足がきちんとのっているかを、笑顔で確認します。もし、何かあれば、原因を調べて解決しましょう。

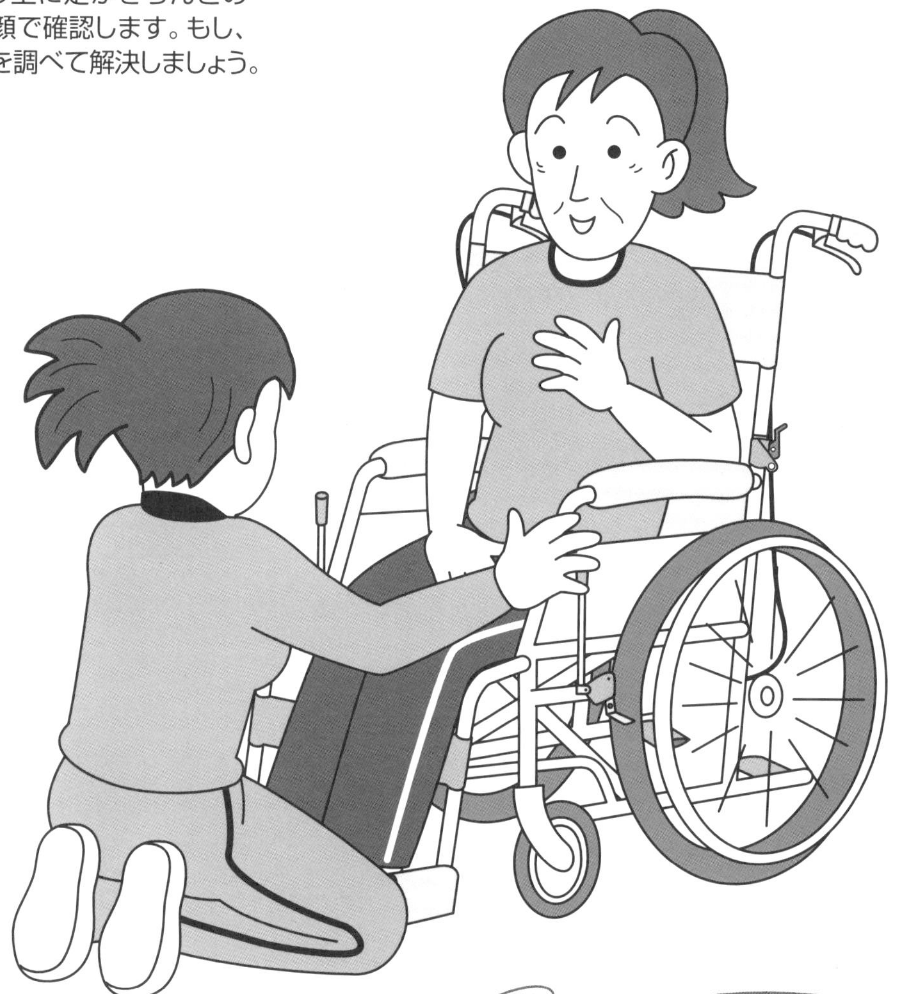

言葉がけの Point!

言葉がけの例

「どこか、しっくりこないところはありませんか?」
「深く腰をかけられましたか?」

■ 動く前の確認ポイント

・これから何をするかを知らせます。
・ブレーキレバー(ストッパー)を解除します。
・グリップを持ちます。
・言葉をかけてから、ゆっくりと押します。
・話をしながら、相手をリラックスさせます。

言葉がけの Point!

言葉がけの例

「では、○○に向かいます」
「動きますよ」と、前もって
行なうことを言うことで、
不安感が取りのぞけます。

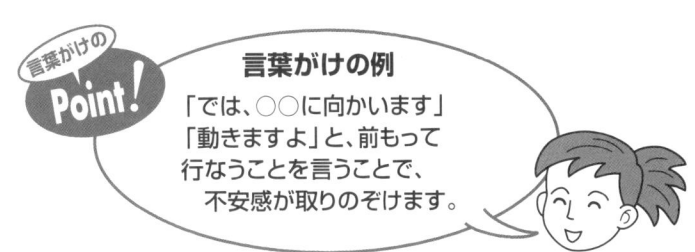

車イス介助の基本操作〈1〉
〜言葉がけを大切に〜

移動の喜びを介助者の笑顔とともに
分かち合いましょう。

① まっすぐ前進

- ●どこで何をするために移動するのかを知らせます。
- ●ブレーキを解除し、ゆっくりと前に進みます。
- ●幅の狭い場所では、アームレストにのせた腕を膝の上に置くようにします。
- ●車イスの幅や長さを意識して移動させましょう。

介助ポイント	進路の障害物や、傾斜があるところでは気をぬかず、安全な場所を選びます。振動を伴う場所では、一度止まってからゆっくり進みます。
言葉がけポイント	進路状態を知らせる言葉がけをします。

② 前向きの右折・左折

- ●曲がるときは、車の運転時と同じように、外側から内側へと大きく車イスを動かします。
- ●曲がり角の先が見えづらいので、ゆっくりと気を配り、移動します。
- ●フットレストから、つま先が出ていることに留意し、壁や机などにぶつけないように回転します。

介助ポイント	ぶつかりそうになったら車イスを一度止め、後ろに少しもどしてから、チャレンジします。
言葉がけポイント	「ゆっくりとまわりますからね」と、安心させてから移動します。

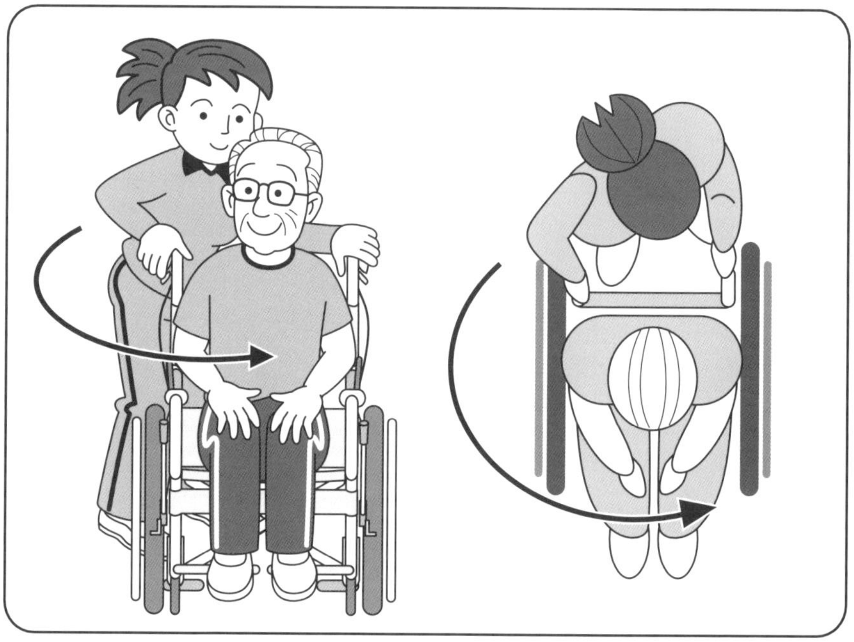

③ まっすぐ後退

●後ろを振り返って周囲の状況を把握してから、「後ろへこのまま下がります」と言葉をかけます。車イスをまっすぐにして、ゆっくりと下がります。

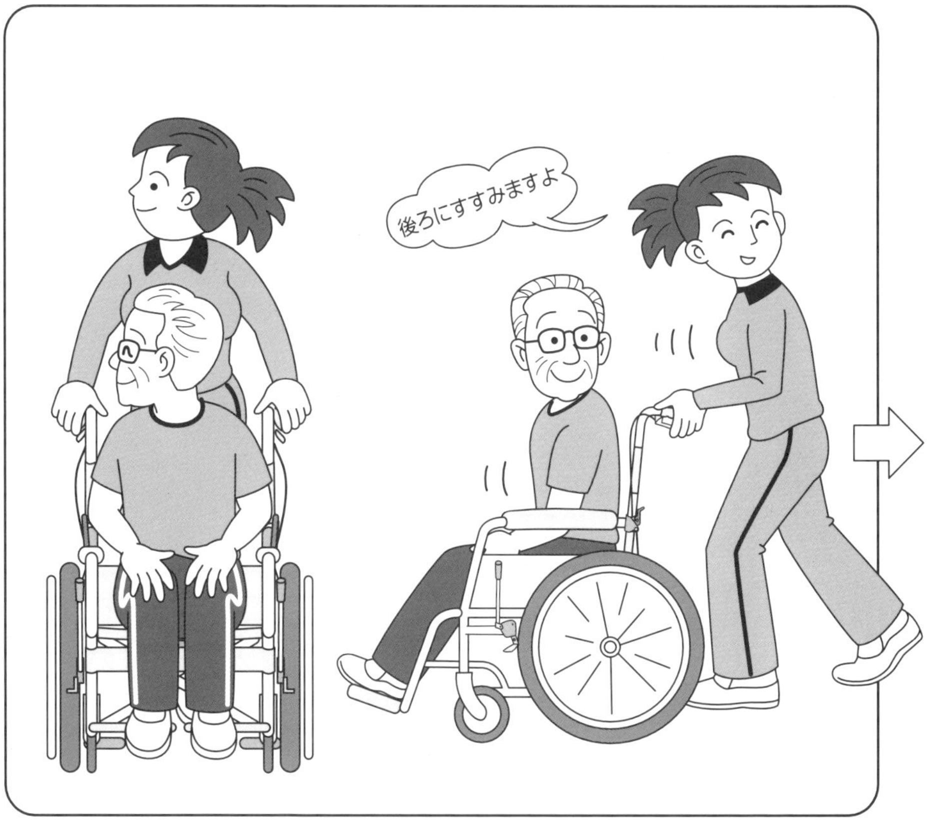

介助ポイント
後ろを振り返るとき、車イスの片方のグリップを強く引いて、左右に揺れてしまうことがあるので、そのときは、両方のグリップを均等に握り、まっすぐ進むように心がけましょう。

言葉がけポイント
「後ろには私がいますからね」「もうすぐ前に向きますから」等といつまで続くのかを知らせます。

④ 後ろ向きの右折・左折

●「右にまわります」と、言葉をかけながら外側から内側へと、大きく車イスを動かします。壁にフットレストがぶつからないように、周囲の安全やゆとりを確認しましょう。

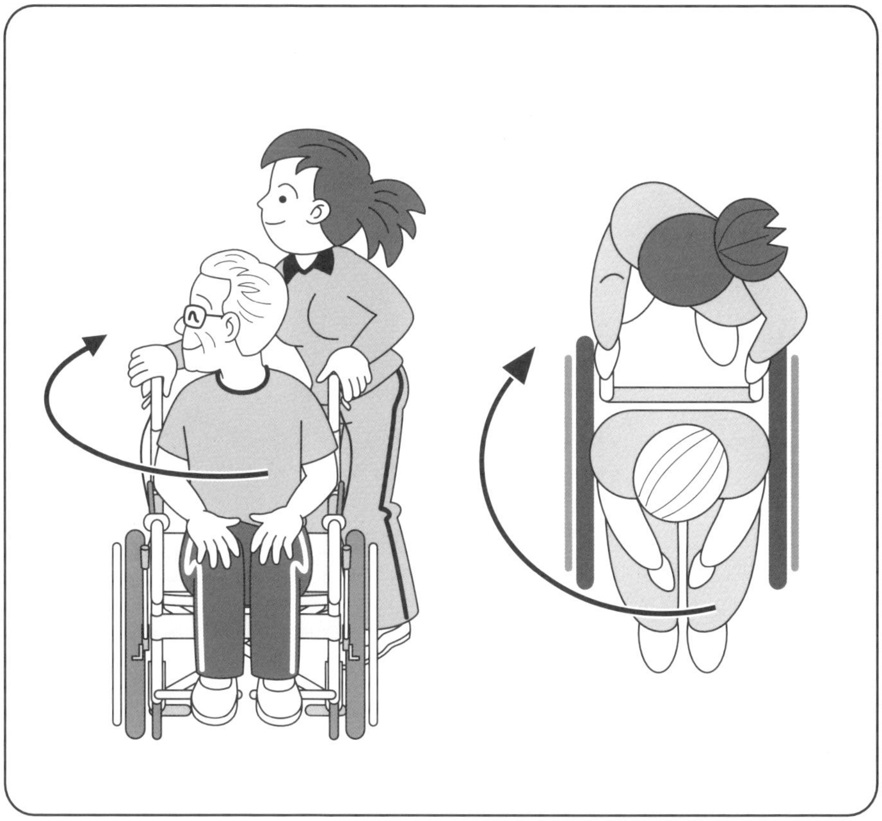

介助ポイント
注意が後方(曲がる先)や内輪、外輪などへ向くことが多いと、集中力が散漫になりやすいので、介助者は落ち着いて行動しましょう。

言葉がけポイント
「大きくまわりますからね」「ゆっくりと動きますから」と優しく言葉をかけます。

車イス介助の正しい知識 5

基本の操作

車イス介助の基本操作〈2〉
〜言葉がけを大切に〜

刺激のある世界を
安心して、ゆっくりと楽しみましょう。

⑤ 登り坂

●後ろに体重をかけた状態で前向きに登ります。

●坂が急であれば、介助者の体を車イスに近づけるようにして、車イスが振れないようにします。

●登りきったら、一度止まります。

介助ポイント	利用者の体が後方へと移動します。介助者が車イスに近づくことで、安心感を与えます。
言葉がけポイント	「うんしょ、こらしょ」「いっしょに声かけて」と、言葉に出して言うことで、重荷となる気持ちを軽くします。

⑥ 下り坂

●下り坂では、後ろ向きに下り、スピードがつかないようにキャリパーブレーキを左右均等にかけながら移動します。

●車イスを坂に対してまっすぐに向け、介助者は少し後傾し、しっかりグリップを持って、下り終えるまで、同じペースで動きます。（キャリパーブレーキ※のある車イスに乗せると楽です）

※手元でブレーキ操作ができます。

介助ポイント	車イスが振れると、不安をもたらせます。まっすぐにしてゆっくり動かしましょう。
言葉がけポイント	「しっかり持ってますからね」と、安心させるように言葉がけをします。

⑦ 段差上り

- 車イスを段差に対してまっすぐに向けます。
- ティッピングバーを押し上げるように踏み、グリップを下げると、前輪が上がります。
- そのまま前に進み、後輪を上げます。

介助ポイント
勢いをつけず、ゆっくりと押します。低い段差なら後輪を大きく持ち上げなくて大丈夫です。前輪を上げたときに座っている人の体が反るので、介助者の体を添わせると安心感をもたらします。

言葉がけポイント
今、どういう状態になっているかを知らせたり、「大丈夫ですよ」と言ったりして、安心感を与えます。

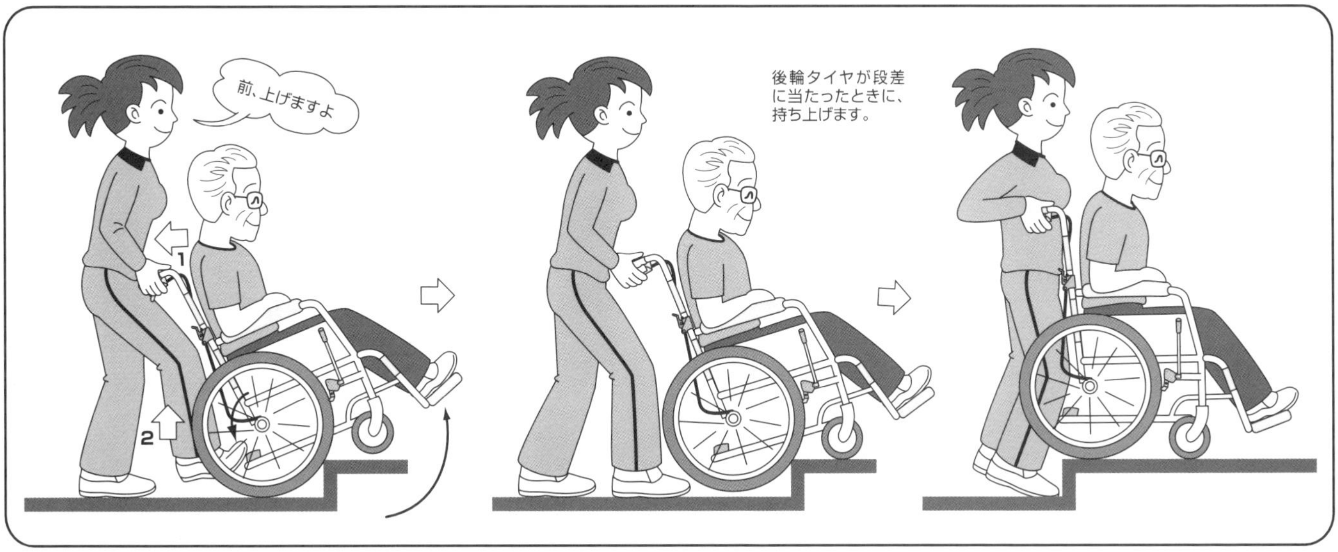

⑧ 段差下り

- 段差があまりないときには、下りに対して車イスをまっすぐに向けてゆっくり下ります。
- 段差があるときは、下りに対して後ろ向きになって、まっすぐ下ります。このときも、キャリパーブレーキを左右均等に使用すると、徐々に下りることができます。

介助ポイント
下りは落ちそうな気持ちになるので、不安を感じさせないようにゆっくりと下ります。ガタンという音や衝撃を与えないように、気を配ります。

言葉がけポイント
「しっかり持っていますよ」と、言葉をかけて安心させます。

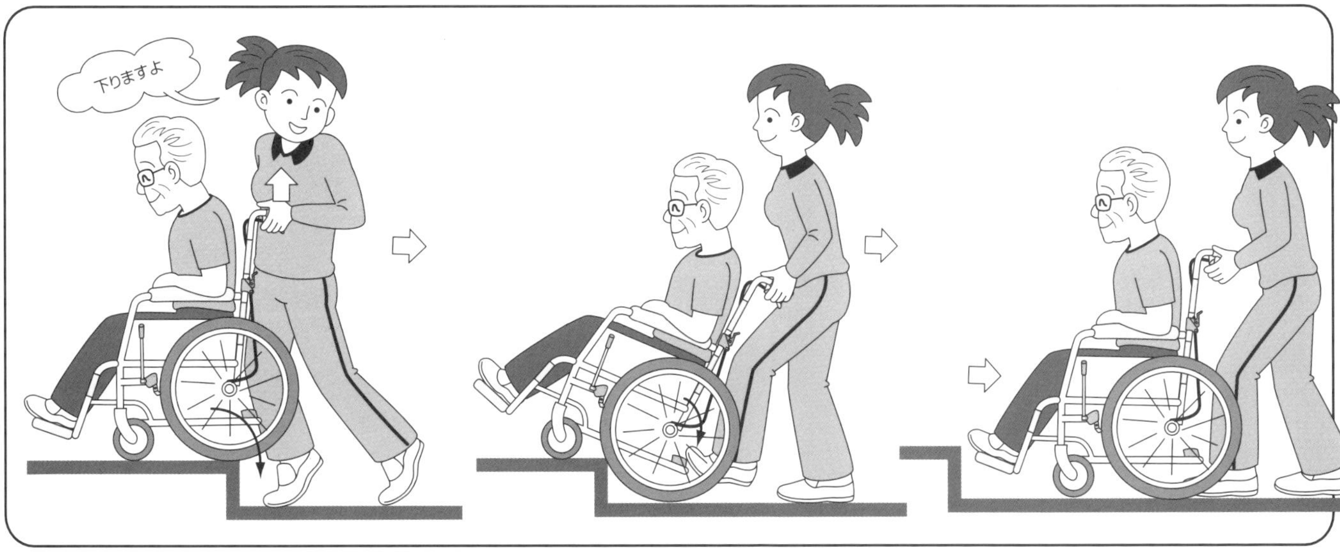

車イス介助の基本操作〈3〉
～言葉がけを大切に～

ちょっとの心配りで、車イスの活動が心地よいものになります。

⑨ エレベーター

●エレベーターに乗って、中で方向転換することは難しいものです。乗る前に方向転換をして後ろ向きでエレベーターに乗ったり、前向きのままで乗って、後ろ向きで降りるのもよいでしょう。そのとき、アームレストの上の腕は、膝の上に移します。前方からエレベーターに入るときは、エレベーターの扉部分のすきまに、前輪キャスターが落ち込んでしまうことがあるので、気をつけましょう。

介助ポイント	エレベーターでは、狭い空間の中で他人から見られるという意識が強くなります。不安そうな場合は、車イスの前に立ち、笑顔で向き合いましょう。

言葉がけポイント	「後ろ向きで乗りますから」「ありがとうございます」等、明るく他人にも元気で受け答えすることで、互いが心地よいときを過ごすことができます。

⑩ 屋内外の対比

●屋内では、バリアフリーの所が多いので、さほどの衝撃はありませんから、介助者が1人でもかまいません。屋外では、線路の溝や格子状の排水溝のフタ（グレーチング）、ジャリ道など、前輪キャスターを落とし、転倒の恐れがありますので、介助者は2人で行くことをおすすめします。
（何かあったとき、すばやく対処できます）

介助ポイント	屋内では慣れているので安心ですが、刺激がないので表情はあまり変化はありません。屋外は刺激が満ち溢れていますが、不安も大きいものです。四季や人とのふれあいを楽しみながら移動します。

言葉がけポイント	外で見つけた四季を内で楽しめることも大切です。「気晴らしをしましょう」「何か見つけて来ましょう」等、心のゆとりを見つける言葉がけをします。

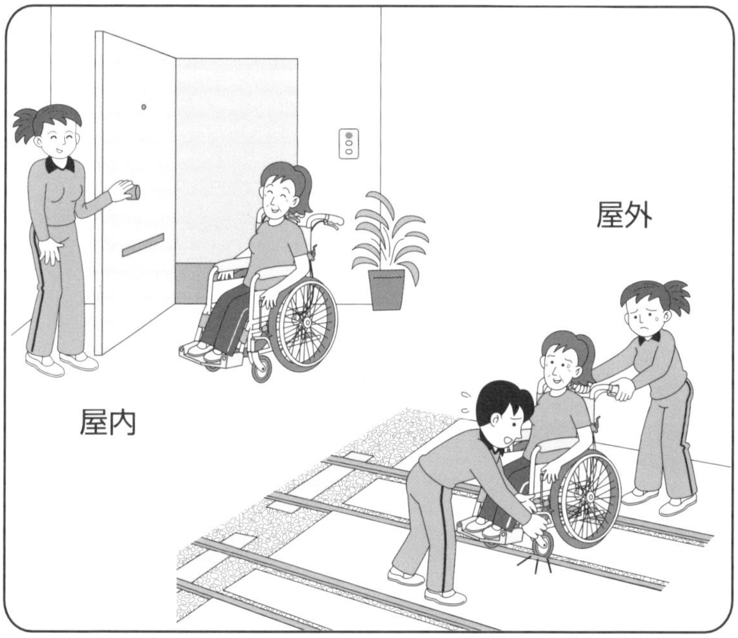

⑪ 全般的な注意事項 その他

●車イスに乗って移動することは、不安な気持ちと期待する気持ちが入り交じっています。不安な気持ちをくみ取った優しい言葉がけ、また、これから何をするのか、どこに行くのかを知らせます。そして、車イスの特徴を知った上でゆっくりと安全に移動させます。自立を支援できるよう、本人の気持ちを十分考えながらサポートしましょう。

介助ポイント	自然や見応えのあるものを楽しみましょう。

声かけポイント	「何をされているのですか?」「おはようございます」等、他人との交流をもちましょう。

街や人ごみの中を通るとき

歩くスピードや視線が人によって違います。危ないときは止まって、「危ないですよ」と向かって来る人に知らせましょう。また、アスファルトや、砂利道、傾斜の場所等、気をゆるめると転倒につながります。介助者自身がゆとりをもって、周囲の状況を的確に把握しましょう。

トイレでのポイント

便器のそばまで車イスを運び、固定させたままで、ゆっくりと移動しましょう。ふらつく方には、脇から手を入れて、体重を支えましょう。

公園で気分転換

人とコミュニケーションをとることは、大切です。車イスに乗っていることで気持ちが後ろ向きになっている人が多いものです。気分転換がはかれるよう、サポートしましょう。

車イス介助の
正しい知識
6
コミュニケーション

車イスの方との コミュニケーションのとり方

目を見て、言葉をかけ、話をよく聞きながら、同じ想いを
笑顔でしましょう。また、車イス利用者の方を特別な人と思わず、
ごく普通にコミュニケーションを心がけましょう。

きちんと相手の
目線に合わせて…

目線を合わせて、笑顔と言葉で、コミュニケーションをとりましょう。

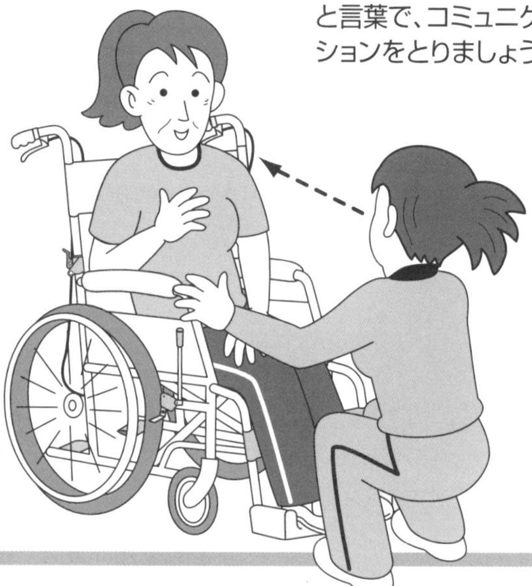

初めての施設の
デイサービスに参加して…
緊張している方には、
手や肩にふれての会話を

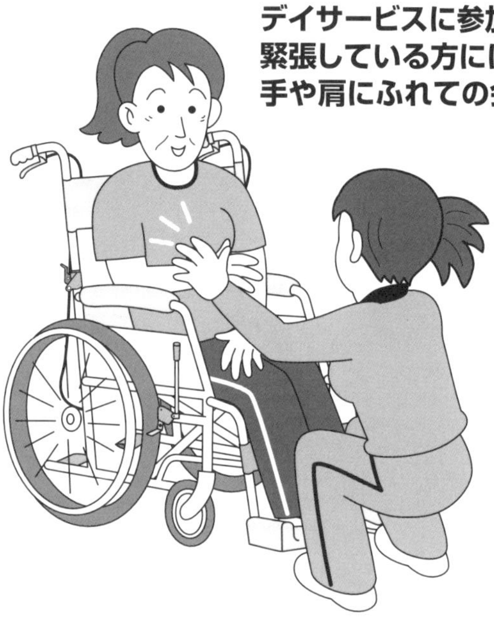

笑顔で手や肩にふれたり、握手をしたりしましょう。「手が疲れていませんか?」「肩がこっていませんか?」等と言葉をかけながら、身体も心もほぐしましょう。

緊張をほぐし、リラックスしてもらうために、
手首をもって揺らしてあげましょう
(肩、肘、手首の関節を柔軟にしましょう)

手首を下からもって左右にゆすったり、手首や肘を前後に伸ばしたり、縮めたりしながらストレッチしましょう。

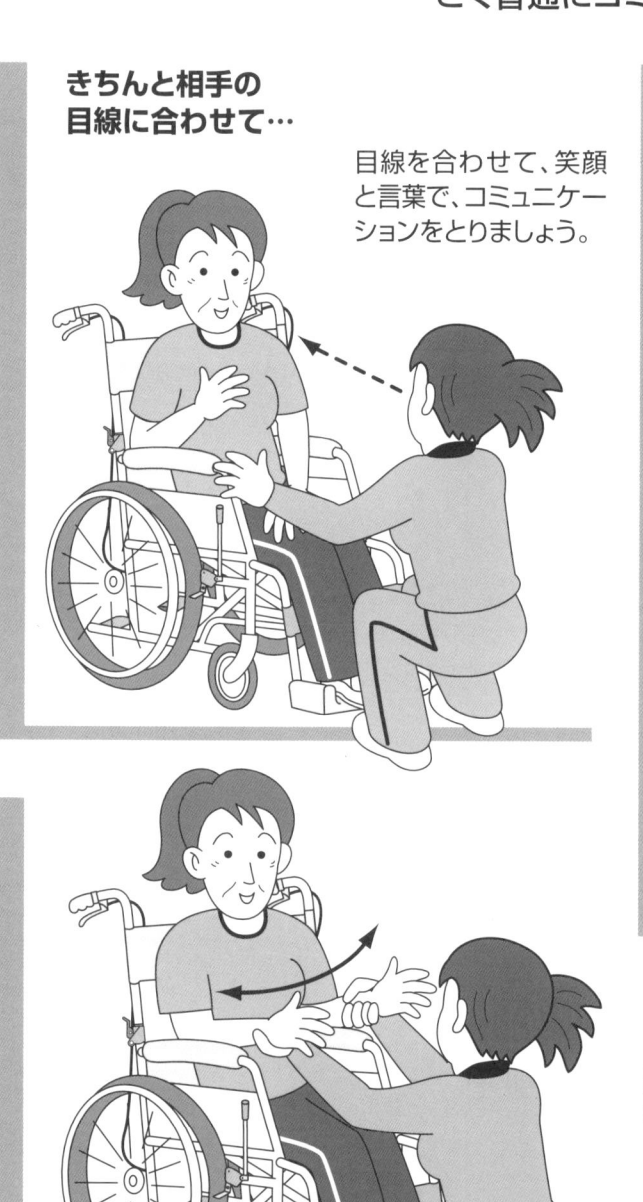

横に立ち、添ってみましょう

安全な場所で移動するときは、横に立って言葉をかけながら移動します。

外に出て四季を楽しんで…

外に出たら、ベンチでも景色のよい所でもよいので、一旦、止まります。互いに感動する言葉を交わしましょう。相手の言葉を否定しないように気をつけましょう。

車イスに慣れるための乗ったままの準備体操

車イスの座り方から
バランスの保ち方まで

―リラックスのための準備体操―

車イスに慣れましょう

姿勢を正しくして身体をほぐしながら、
自ら動きたいと思う気持ちを大切にしましょう。

バランスを保ちましょう

1 背もたれから背中をはなしましょう

注意Point!

背もたれと背中のあいだに、握りこぶしが1つ入るくらい背中をはなします。

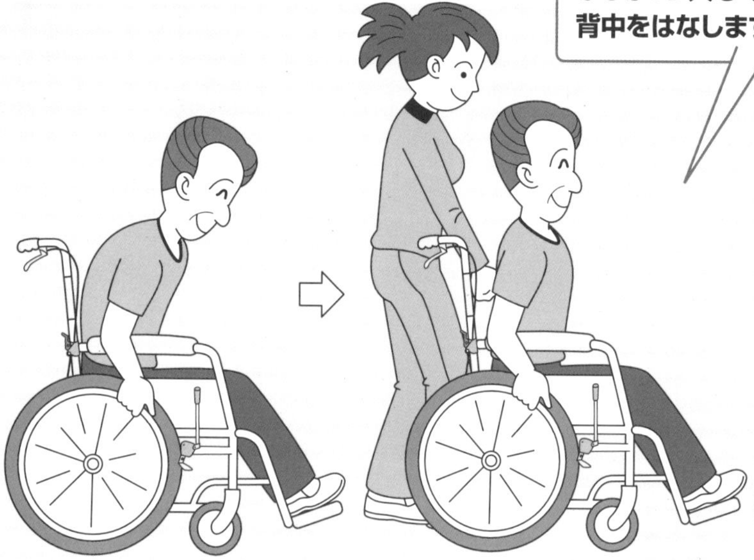

イスに腰かけるのがむずかしい方

注意Point!

イスに深く腰かけ、肘をアームレストにかけます。

注意Point!

安定を心がけながら、クッションを背中のあたりにあてがって、少しずつ慣れていきましょう。

2 おへそを見てから背伸びをしましょう

注意Point!

マヒの方は、背筋を伸ばしすぎないように両手を組んで行なってみましょう。

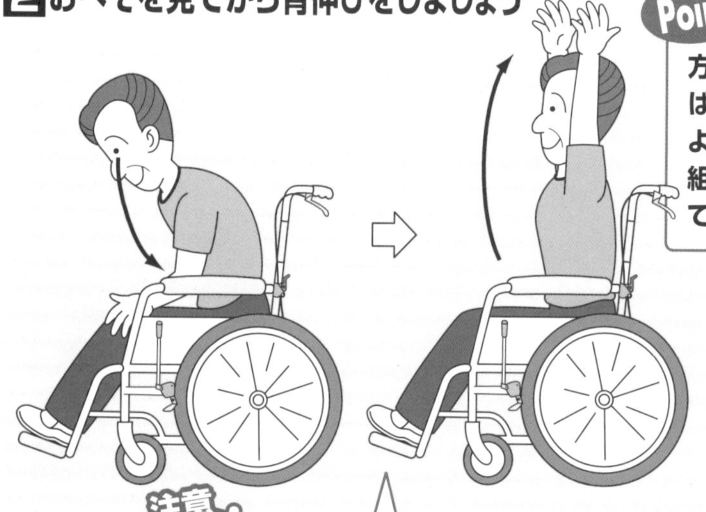

注意Point!

お尻がイスの前の方に出てしまうと転ぶので、腰を浮かさないようにしましょう。

スムーズにできる方

つま先の方まで両手を下げたり、胸を張るように、両手を上に伸ばしましょう。

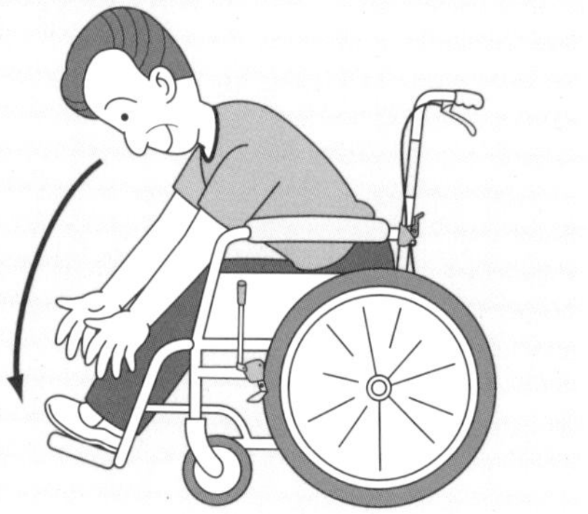

3 身体を左右に動かしましょう

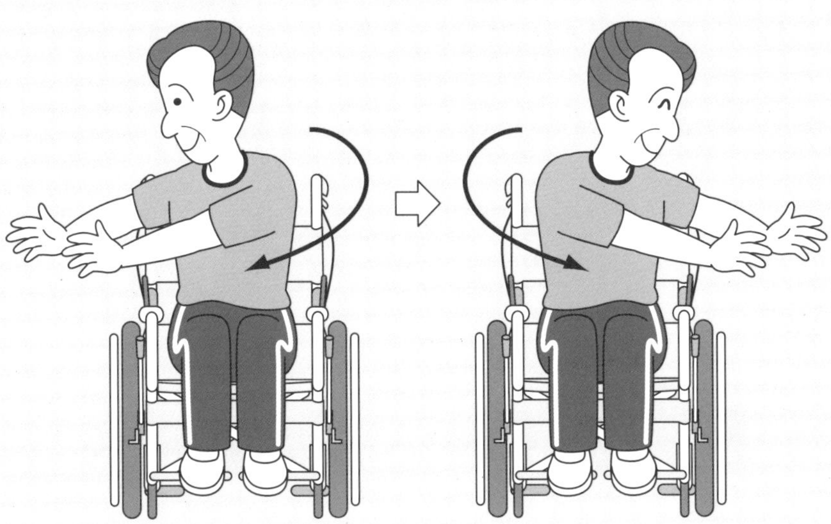

両手もいっしょに動かしましょう。難しければ、身体だけでもいいですよ。

注意Point! 指先を見て、息を吐きながら、ゆっくりと、両手を後ろに向けて左右に動かしましょう。

片マヒの方

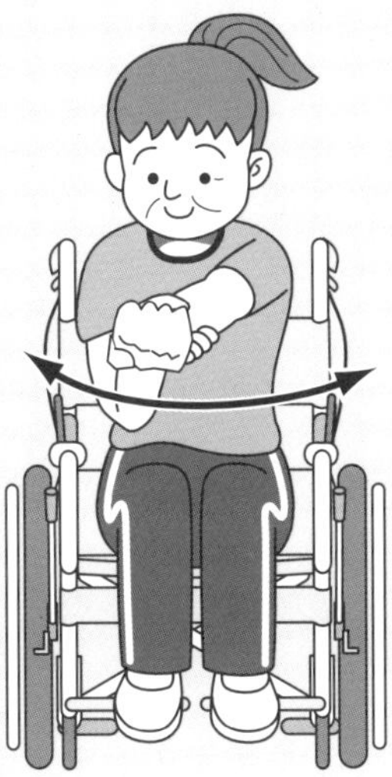

注意Point! 両手を組んで、前方に伸ばすように動かして、できる範囲の中で横に動かしましょう。

4 身体を左右に倒しましょう

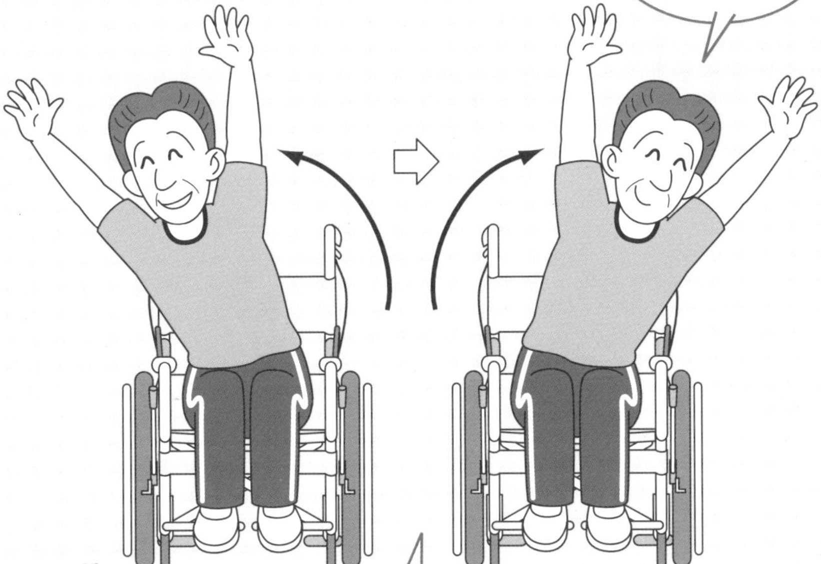

車イスが動かないようにゆっくりと身体を倒しましょう。

注意Point! 両手を上げて息を吐きながら、身体を左右にゆっくり倒しましょう。脇が伸びているかを、意識してみましょう。

片マヒの方

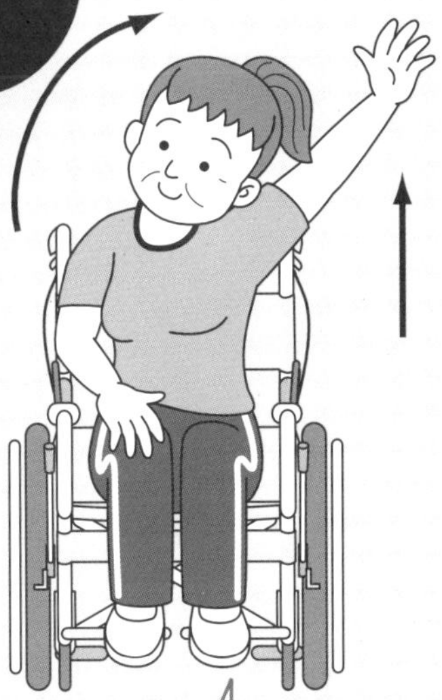

注意Point! マヒ側の手が伸ばせなくても、頭を傾けるだけでもいいですよ。

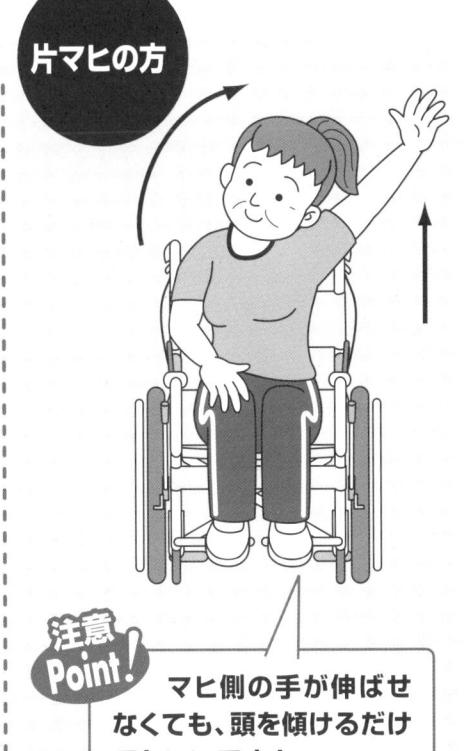

5 身体をまわしましょう

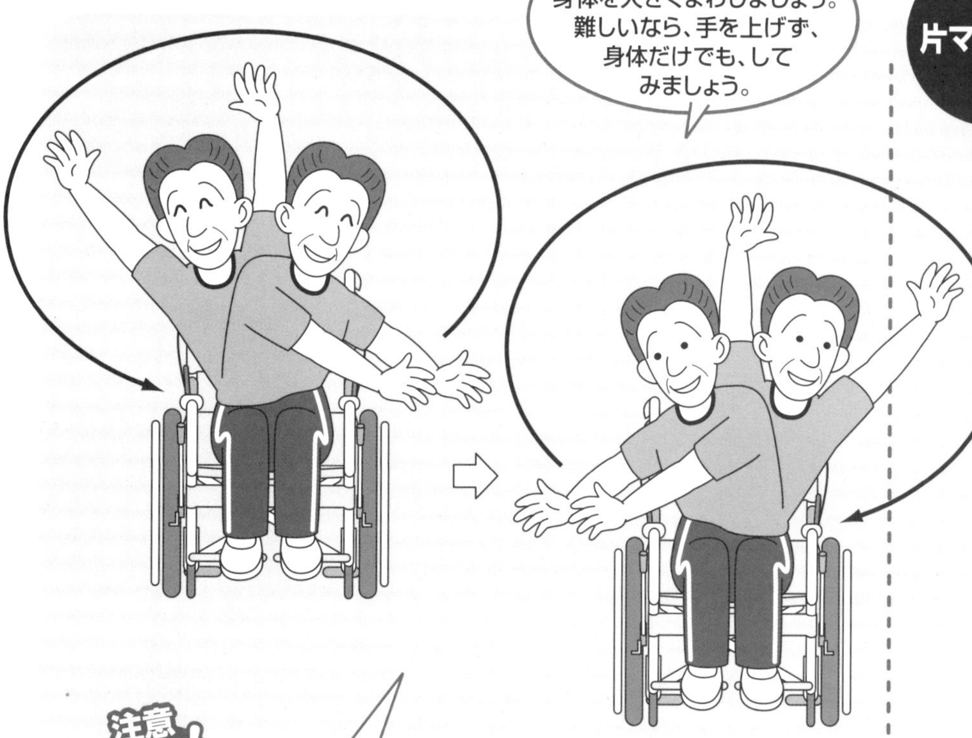

両手を伸ばして
身体を大きくまわしましょう。
難しいなら、手を上げず、
身体だけでも、して
みましょう。

注意Point!
身体を小さくまわしながら、次第に大きくまわします。
バランスをとりながら、ゆっくり行ないましょう。

片マヒの方

注意Point!
マヒ側の手首を持って、そのまま上に上げて身体を伸ばしましょう。

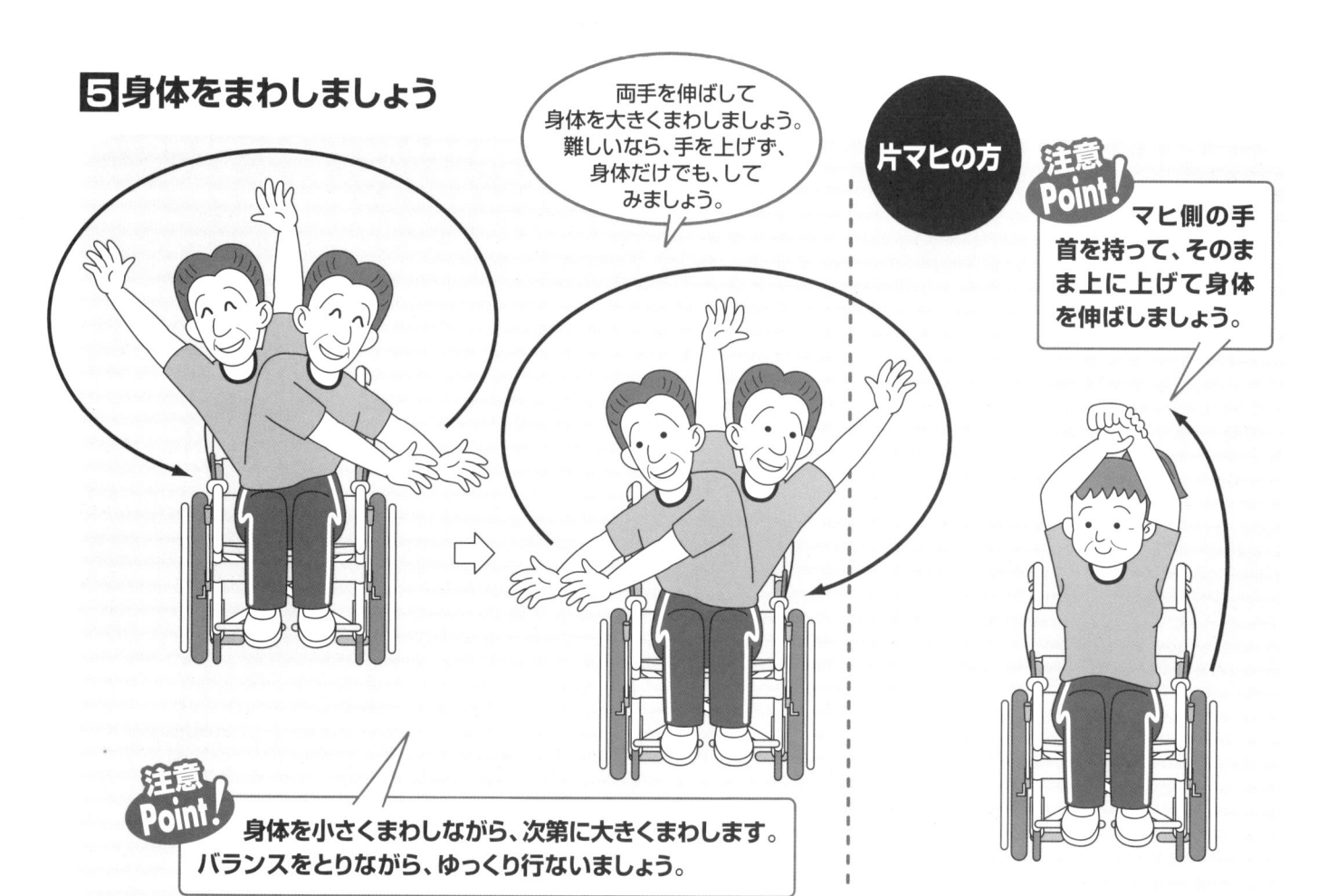

6 足を上げよう

足をゆっくり
上げて、ゆっくり
下ろしましょう。

注意Point!
膝を少し上に伸ばすことは難しいけれど、筋力がある人にはおすすめです。できる人（ものたりない人）は、行なってみましょう。

片マヒの方

マヒのない方の足の上に、マヒのある方の足をのせます。
ゆっくりと上げて、ゆっくりと下ろしましょう。

注意Point!
バランスをとりながら、できるところまで行ないましょう。

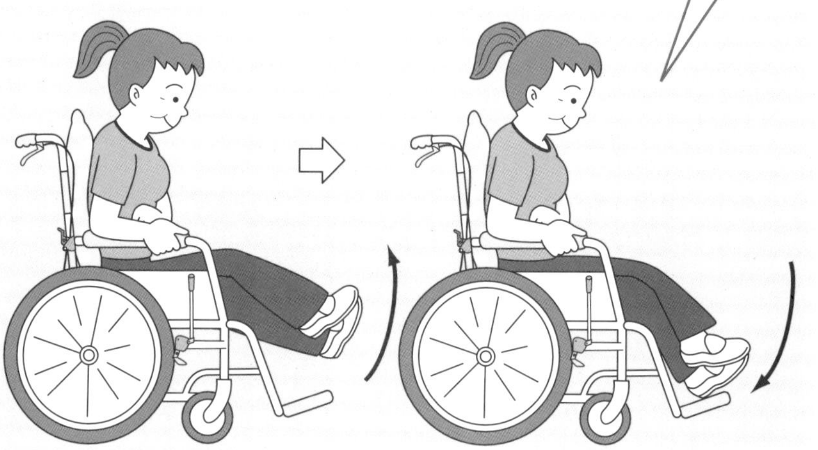

車イスで楽しみましょう

―おもしろくて、ためになるレクリエーション―

介助者の方々へのメッセージ

車イスに乗ったままで行なえるレクリエーションは、車イスを自分自身の一部として受け入れる基盤を作る手段となります。座ったままで、身体のいろいろな部分を動かしながら、残存機能を活性化させることは、生きる張りへと結びつけることになります。車イスに乗って他人とかかわりながら『楽しく』『続ける』ことで前向きな生き方や生活の質（QOL）を高めることにつながるでしょう。介助者はこれらのことをサポートする重要な役割を担うのです。

子どもの場合の配慮

ゲームやあそびに積極的にかかわることのできない子どもや、仲間と積極的に交流することのできない子どもには、介助者が子どものわずかな行動や発したひと言を逃さずとりあげて、共感的な思いを言葉にして伝えましょう。また、子どもの気持ちを理解した上で、言語的に補足をしながら、まわりのみんなにわかるように伝えてみましょう。介助者が、人と人との間を仲介することにより、ゲームやあそびの楽しさが、より一層広がっていきます。

おもしろくてためになるレクリエーション 1

ペットボトル
ビーチボール

使っている動きのスキル

操作系
運動スキル

足けりボウリング

ボールをふわっと足で蹴って、
頭を使って的に当てて、心を浮かそう。

言葉がけのPoint!

「ビーチボールをしっかり見て、気持ちを集中させて蹴りましょう」と、あわてさせないように言葉をかけます。

●用意するもの
ペットボトル（10）…中に水を入れておく
ビーチボール（人数分）、円（1）

基本「あなたの足は器用かな」

ビーチボールを蹴って、ペットボトルを倒します。

①大きさも、中に入れた水の量も異なる、いろいろなペットボトルを円の中に立てます。
②ビーチボールを、それぞれの人が蹴ってペットボトルを倒します。

運動としてのPoint!

ペットボトルの数は集まった人の人数やレベルに合わせます。足を動かしづらい人には、ペットボトルの数を増やします。

介助のPoint!

ビーチボールがふわっと足もとから離れたら、しっかりと蹴ることのできる位置にビーチボールをもっていきます。

バリエーション・その1

「5回でシュート」

みんなでパスして5回目にペットボトルを倒します。

①円形に並んで中央にペットボトルを置きます。
②1つのボールをみんなでまわしながら蹴って、5回目でペットボトルを倒します。

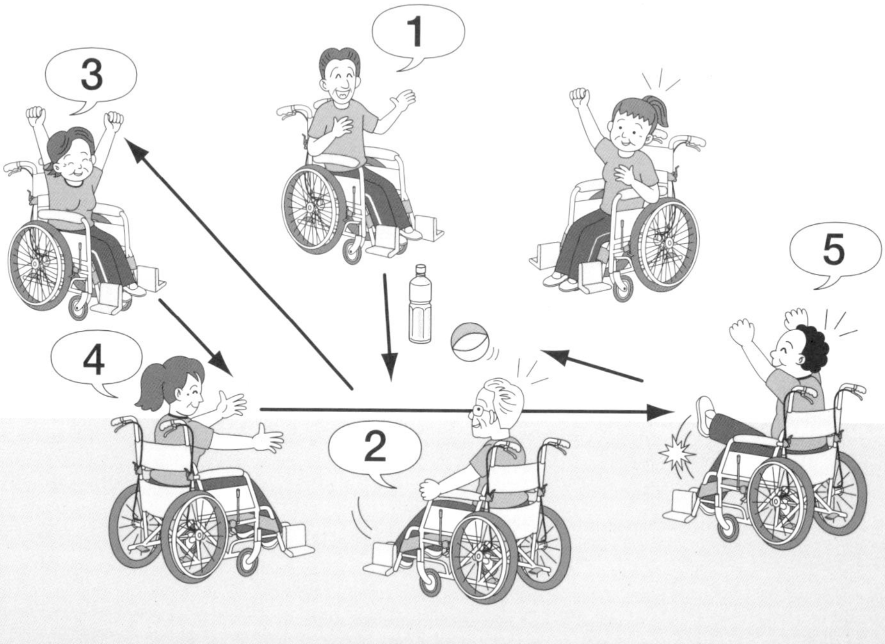

Point!

大きい声で数をいっしょに数えながら、みんなの気持ちを1つにしましょう。

途中でまちがえてペットボトルを倒したら、もう一度チャレンジ!

このレクリエーションのねらい

車イスに乗って足を動かすことで重心を安定させ、足に意識を集中させることができます。心にゆとりを持ちながら、楽しい雰囲気の中で筋肉を動かしながらゲームをしましょう。動かしにくい人には、手を添えてもらって、動かす方向や動かし方を何回か練習して、「こうすればいいんだ」という感覚をつかんでもらいましょう。

バリエーション・その2

「紅白合戦はいかが.1」

①2チームに分かれて横一列になります。
②2種類のペットボトルをチーム間の中央に離して置きます。
③スタートの合図で、自分のチームのペットボトルを倒します。

Point!

的に当たることで、満足感ややる気がでてきます。同じ空間の中でボールを2つ以上使うと、偶然にボールがペットボトルに当ることがあります。偶然も楽しんでみましょう。

バリエーション・その3

「紅白合戦はいかが.2」

紅白に分かれて 1つのペットボトルを倒します。

①2チームに分かれます。
②ボールをそれぞれが蹴り、早くペットボトルを倒します。

Point!

動きづらい人は、ペットボトルに近い所にいましょう。また、介助者は、ボールをいろいろな人にまわすように、こぼれ玉を動かしてみましょう。

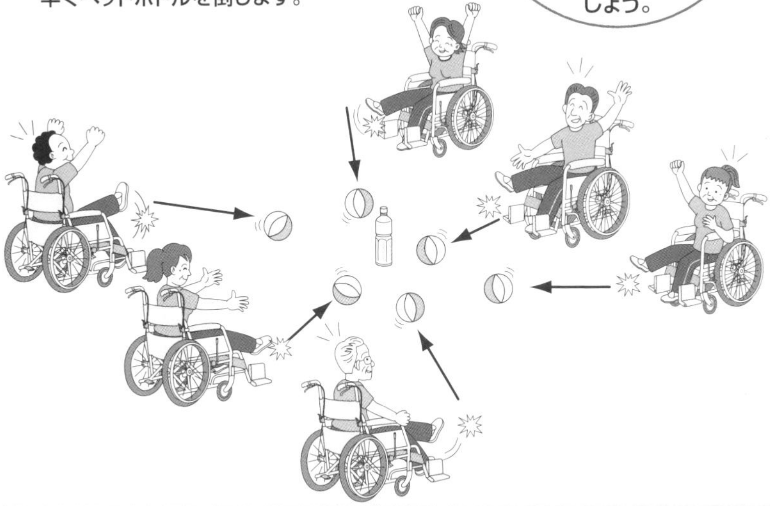

少し難しい バリエーション・その4

「宙を舞うボールを蹴ってみませんか」

少し宙に浮いたビーチボールをキックします。

①棒の先にたこ糸を結び、ひもを垂らします。
②その先にビーチボールをつけます。

Point!

レベルに合わせて、ビーチボールの高さ、蹴る人との距離を考えて棒を持ちます。

メモ

- ペットボトルの大きさを変えたり、水を入れて、重さを変えたりして工夫しましょう。
- ボールを小さなもの、少し重いもの、形の異なるものに変えてみましょう。
- キックしても、届かない人に対しては、ペットボトルからの距離を短くしましょう。

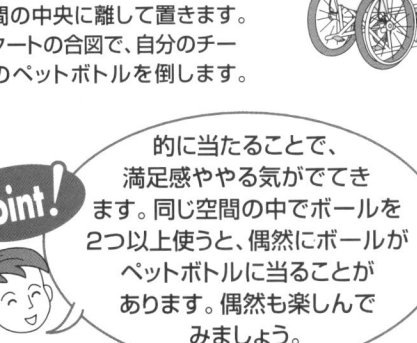

おもしろくて
ためになる
レクリエーション

ロープタオル

使っている動きのスキル

非移動系
運動スキル

② 誰が当たり？ラッキーロープまわし

みんなのハートをロープでつなげて、
リズムに合わせて楽しさ送ろう。

●用意するもの

ロープ（1）…長いロープを結んで輪にします。
短いロープであれば、数本を結んで輪にします。
タオル（1）、音楽CD…童謡・演歌など、リズムのとりやすいもの

基本「ロープを右へ左へ送ろう」

①音楽が聞こえたら、リズムに合わせてロープを左に送ります。
そして、音楽が止まったら、ロープを止めてウォーミングアップをします。
②音楽に合わせて右に8回、左に8回送ります。次に、右に4回、左に4回送ります。そして、右に2回、左に2回、さらに、右に1回、左に1回送ります。最後、にロープを上に上げて、「ヘイ」と言います。
③ ②を『うさぎとかめ』をみんなで歌いながら行ないます。

言葉がけの Point!

介助者は、モデルとして手を大きく動かします。かけ声をかけながら、リズムを意識させます。

運動としての Point!

リズムに合わせて上体を動かすことで、体も脳も活性化します。また、腕を上下に大きく動かすことで、姿勢を正しくするばかりか、背筋力や腹筋力を高めることにもつながります。

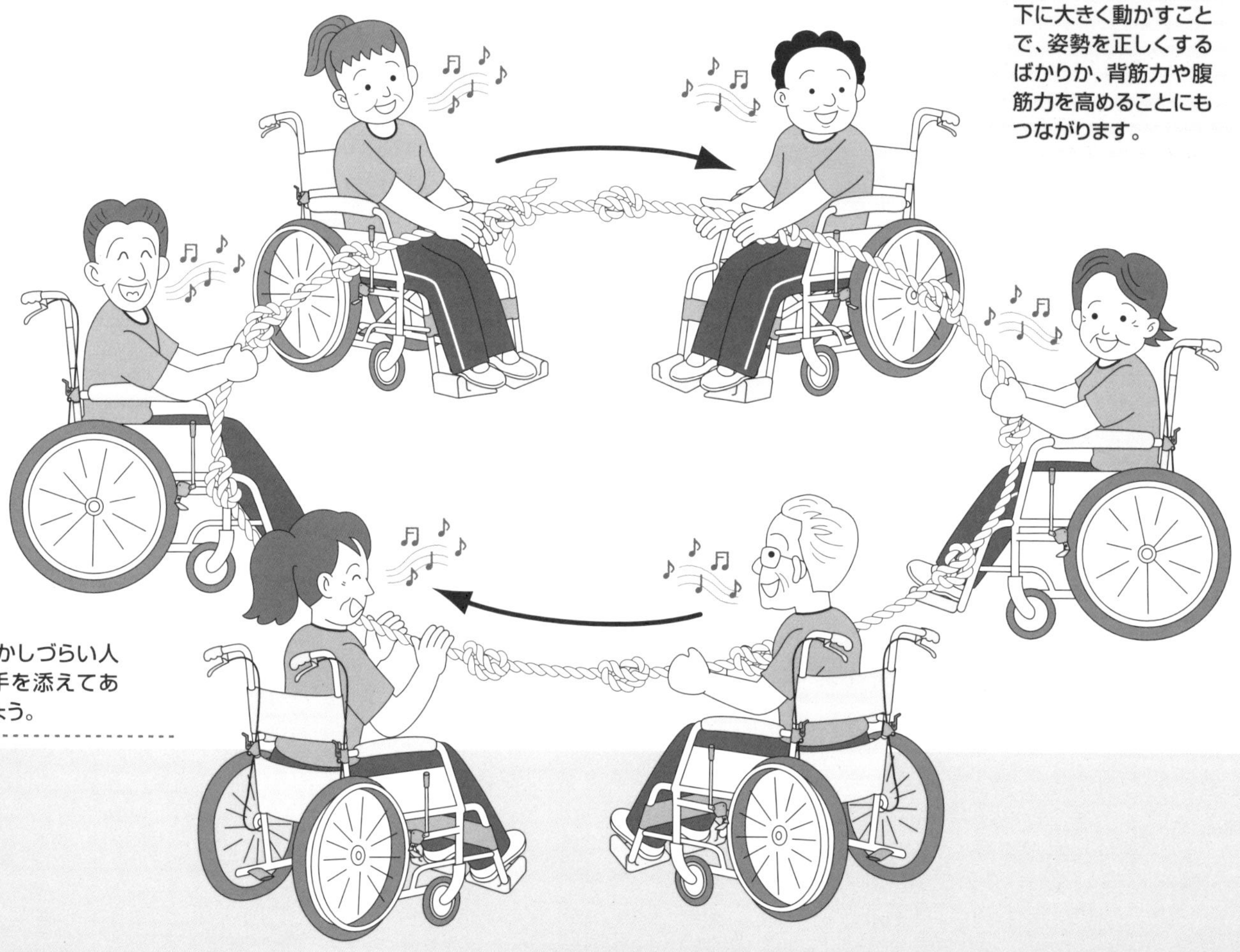

介助の Point!

手を動かしづらい人には、手を添えてあげましょう。

このレクリエーションのねらい

リズムに合わせて体を動かすことで、協応性やリズム感、機敏さが高まり、呼吸循環機能の改善・向上と、大脳機能の活性化が図れます。また、情緒の解放を図り、精神面にも好影響を与えることができます。

バリエーション・その1

「うたの最後にタオルをもとう」

①歌のリズムに合わせて、ロープやタオルの結び目で作ったこぶを持ちます。（うたは、童謡でも演歌でも、親しみやすいものを選びます）
②こぶを送りながら、最後にタオルを持った人が勝者です。
③右まわしと、左まわしをしてみましょう。

●準備

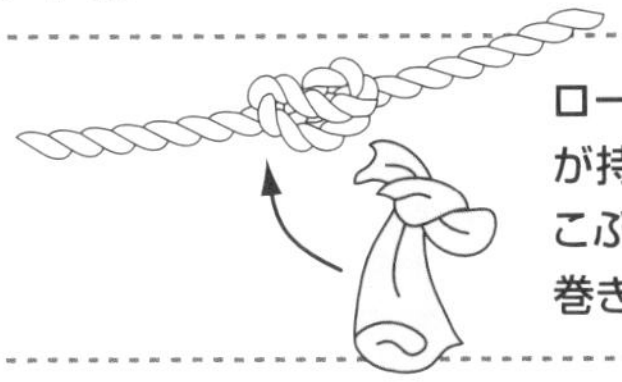

ロープは握れる太さで、円形になった人たちが持てる長さのものを用意します。人数分こぶを結んで作ります。その1つにタオルを巻き、最後に端と端をくくります。

Point!
結びこぶの所を必ず握ることのできるよう、リズムに乗りましょう。

メモ

介助者はリズムをとるために拍手をしたり、体の一部をたたいたり、スティックで物をたたいたりしながら、仲間との楽しさを共感してください。

おもしろくて
ためになる
レクリエーション

ビニールホース
その他

使っている動きのスキル

平衡系
運動スキル

3 輪ッ!とびっくりゲーム

大きな輪、小さな輪、どんな輪でも上手に操り、
手足を動かし、レッツ・トライ!

言葉がけのPoint!

「あせらないで
ゆっくりと、落とさないで
次の人に」と伝え、正確につなげる
ことを意識してもらいましょう。

●用意するもの

リング(1)…ビニールホースや紙など…直径約30cmを輪にしたもの。
4～5人に1つのリングを用意します。

基本「足で輪を送ろう」

①足にリングをかけます。
②手を使わないで、次の人にリングを渡します。

介助のPoint!

動かしづらい人には、
落ちない程度に手を添
えてサポートします。

運動としてのPoint!

足の力を強くするば
かりでなく、腹筋や背筋、
バランス能力を高めます。

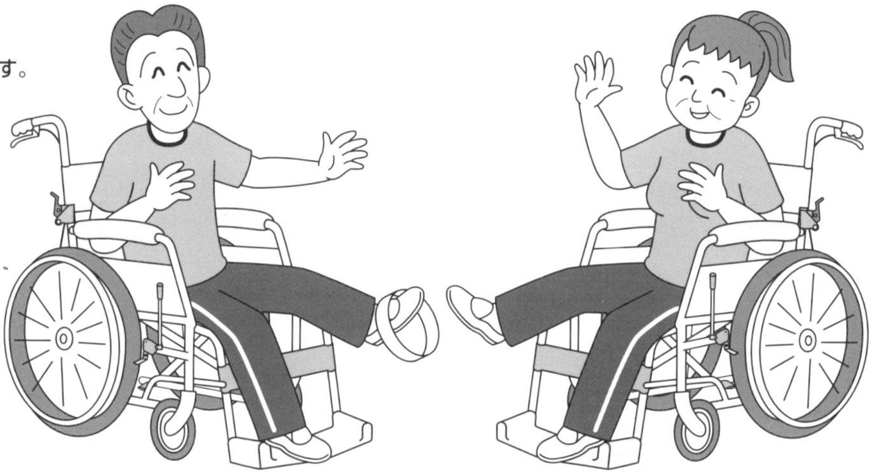

バリエーション・その1

「フープをまわそう」

●用意するもの

フープ(1)…直径80cmを1人に1個

①足踏みをしながら、両手を使って
フープを左にまわします。
②次に、右にまわします。

運動としてのPoint!

手足の協応動作や、
バランス感覚を養います。

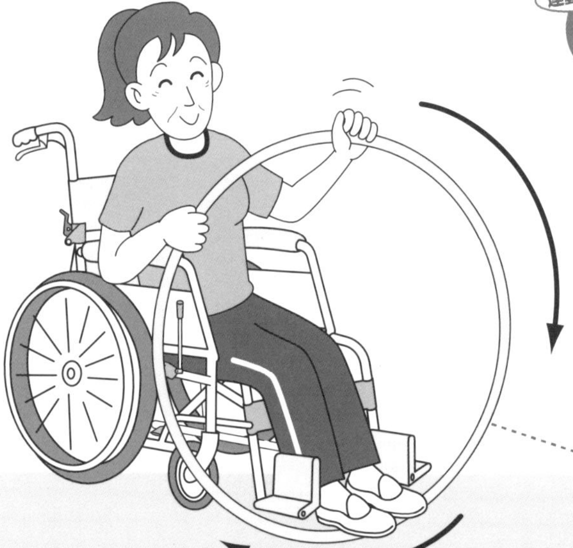

介助のPoint!

マヒの方は、動く手足を
使い、バランスがとれな
い人には、介助者がフー
プを少し持って動かしや
すくしてあげましょう。

言葉がけのPoint!

「手足を
使って、バランス
とって、1・2、1・2
とリズムに合わせ
ましょう」

このレクリエーションのねらい

リングの大きさや硬さを変えながら、体の各部位をそれぞれ動かすことで、その部位の周囲の筋肉まで動かし、柔軟性が増します。動かしづらい部位は、上手にしたいという意識によって、少し可動域を広げさせることができます。

バリエーション・その2

「小さい輪を、はしにひっかけてまわそう」

●**用意するもの**　はし（各1膳）
ペットボトル（2人で1）…500mlのものを切って輪にしたもの

①はしを1人1膳持ちます。
②ペットボトルのリングを、はしにひっかけます。
③次の人のはしに、落とさないようにひっかけて渡していきます。

言葉がけのPoint!
「すべるので気をつけて!」と言いながら、手首ばかりでなく肘も動かして、バランスをとるように伝えます。

運動としてのPoint!
すべらないよう気を配ることで、集中力を高め、微細運動（小筋肉運動）能力を高めることになります。

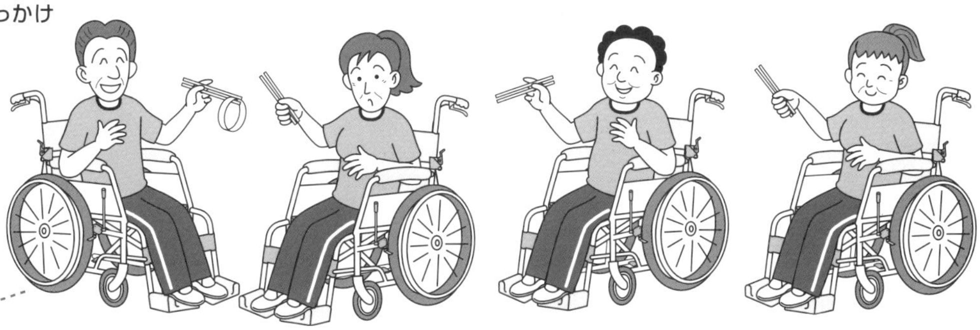

介助のPoint!
介助者自身も、はしを持っていっしょに楽しみましょう。うまくできなくても、楽しむことが大切です。

バリエーション・その3

「輪なげをしよう.1」

●**用意するもの**
ペットボトル（2人に1）
新聞リング（2人に1）…新聞を切って輪（直径約20cm）にしたもの

①2人組になって向かい合います。1人はペットボトルを持ち、もう1人はリングを持ちます。
②リングを持っている人は、ペットボトルをめがけて投げ入れます。交替しながら楽しみましょう。

運動としてのPoint!
リングを受け取る人は、すばやく動くので機敏さを養います。また、リングを投げる人は協応性や瞬発力を高めます。

バリエーション・その4

「輪なげをしよう.2」

1人が5つ輪を持ちます。

①円の中央に、水を半分程度入れた大きなペットボトルを置きます。
②円の外から、それぞれ自分のリングを中央のペットボトルに投げて、かけようとします。何個通すことができるかな?

Point!
距離は、近い場所から、少しずつ遠くにしてみましょう。ペットボトルを介助者の腕にかかえてもいいですよ。

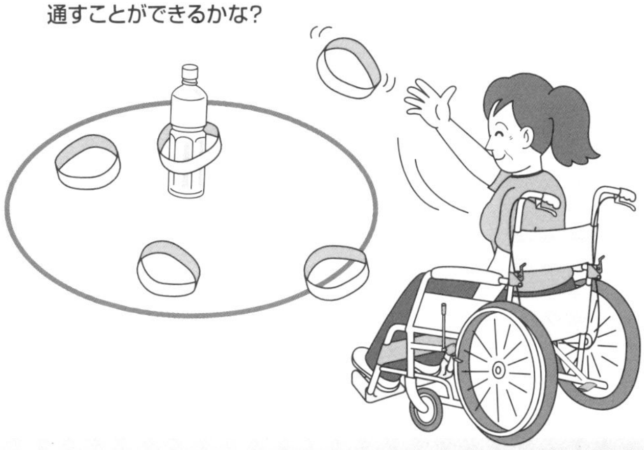

メモ　リングの大きさや硬さを変えたり、的となるペットボトルを、ボールや身体の部位に変えたりしてみましょう。

おもしろくて
ためになる
レクリエーション
4

自分の身体（身体部位）

使っている動きのスキル

平衡系
運動スキル

ジャンケンゲーム

指先動けば、体も動く。頭もスッキリ、心もスッキリ。
笑いの中から元気が生まれる。

基本「ジャンケンおまわりさん」

①ジャンケンをして、負けたら相手のまわりをまわります。

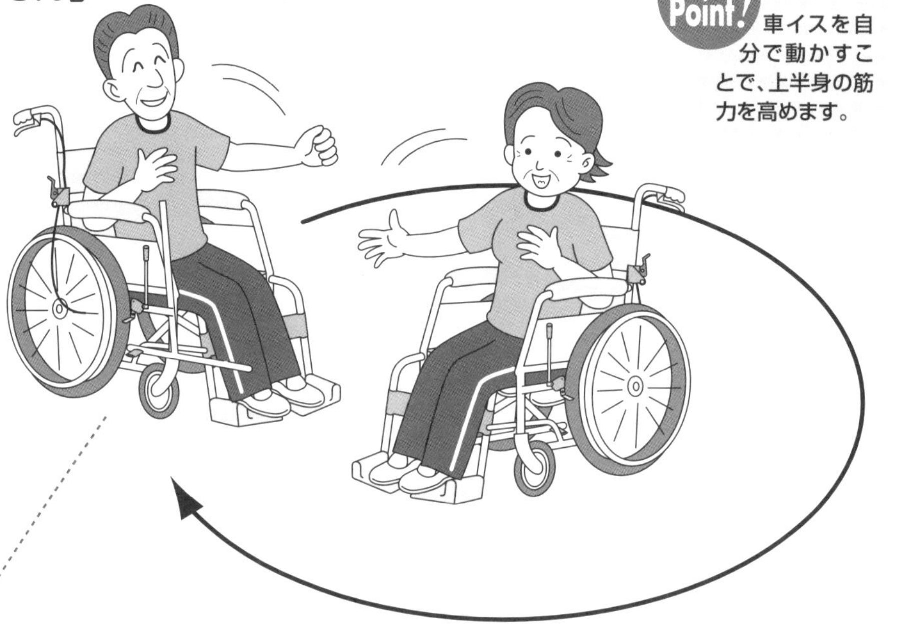

運動としてのPoint! 車イスを自分で動かすことで、上半身の筋力を高めます。

言葉がけのPoint! 「ジャンケンポン」とリズムを知らせたり、大きく車イスの車輪を動かすよう言葉がけをします。

介助のPoint! 車イスを動かすことが困難な場合は、できるだけ主体的に動けるように、介助しましょう。

バリエーション・その1

「ジャンケン足あげ」

①ジャンケンをして、負けたら足を上げます。
②次は足を上げたままで、ジャンケンをします。
③勝てば、足をおろせます。5〜6回続けます。負けたら、そのままです。

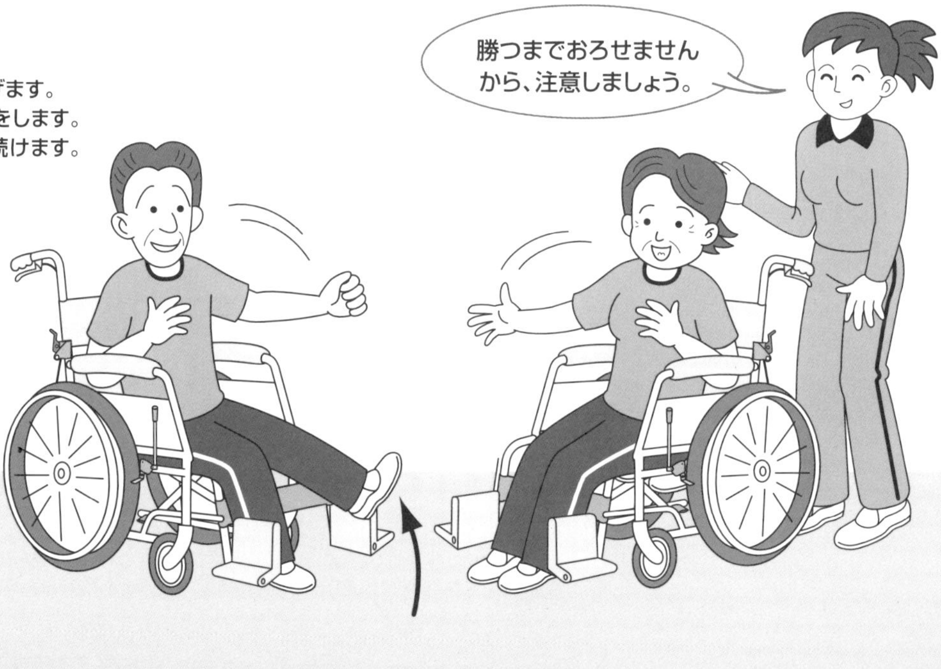

Point! 負けたら、動く部位を使って、つま先を上げたり、膝を上げたりします。腹筋や背筋力、脚力の強化につながります。

このレクリエーションのねらい

ジャンケンは、高齢者の人にとって、楽しくできるあそびの1つです。手指の動きをスムーズにさせるばかりか、勝敗を決定する意外性に心がはずみます。車イスの方でも、体の不自由さを感じない活動となります。

バリエーション・その2

「身体でジャンケン」

身体を使ってジャンケンをします。

勝ったら、「ワッハッハッ」と腰に手をあて、胸をはって大きい声で笑います。負けたら、「ウー、ザンネン」と、体を小さくして泣きまねをします。

Point!

背筋を伸ばしたり、曲げたり、ねじったりしながら、大声で笑って心肺機能を高めます。

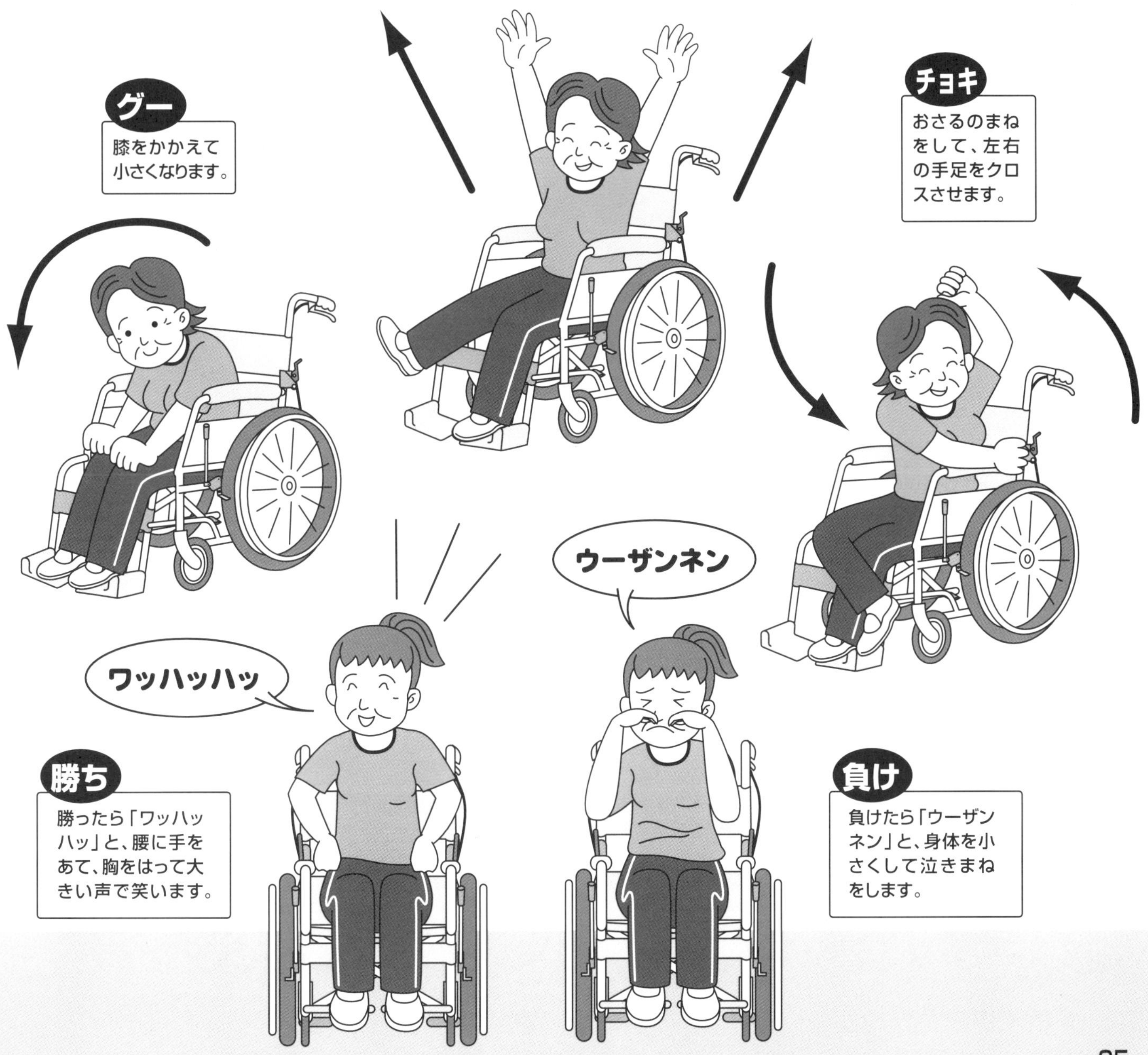

パー

大の字になります。

グー

膝をかかえて小さくなります。

チョキ

おさるのまねをして、左右の手足をクロスさせます。

勝ち

勝ったら「ワッハッハッ」と、腰に手をあて、胸をはって大きい声で笑います。

負け

負けたら「ウーザンネン」と、身体を小さくして泣きまねをします。

④ ジャンケンゲーム続き

バリエーション・その3

「あとだしジャンケン」

①2人組になり、はじめの人と後の人を決めます。
②はじめの人は、好きなものを出します。後の人は、はじめの人の出したものをすばやく見て、勝つものを出します。慣れたら、交替します。
③次に同じ方法で、後の人は負けます。

言葉がけ Point!

はじめはゆっくりと介助者がリズムをとり、理解できるように練習します。慣れてきてから、2人組になります。

リズム ジャンケン　ポン　ポン!
（はじめの人）（後の人）

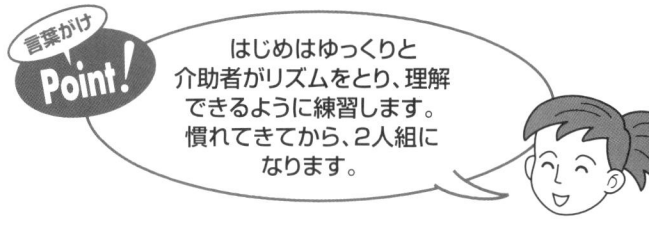

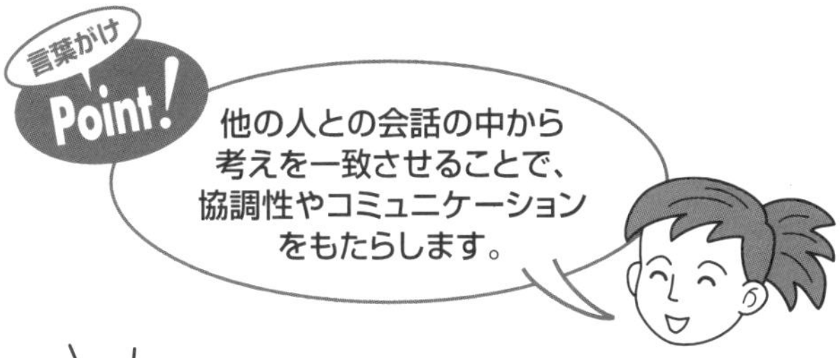
言葉がけ
Point!
他の人との会話の中から
考えを一致させることで、
協調性やコミュニケーション
をもたらします。

バリエーション・その4

「いっしょにジャンケン」

①4〜5人のグループでチーム戦をします。
②チームで出すジャンケンを話し合っておきます。
③あいこの場合があるので、3回分ほど決めておきます。
④その後、向かい合って、声をかけてジャンケンをします。

負ける場合
・ジャンケンで負けたとき
・チームの人が同じものを出さなかったとき
・そろって出せなかったとき

メモ 身体のいろいろな部位を使ってジャンケンをしたり、いっしょに行なう人数を変えたりしましょう。

おもしろくて
ためになる
レクリエーション

5

日用品
タオル

使っている動きのスキル

操作系
運動スキル

音あそびゲーム

聞き慣れた音も見えないだけで、
違ったふうに聞こえてくるから、とっても不思議。

●用意するもの

日用品（なべ、フライパン、皿、コップ等）
タオル、スティック、アイマスク

基本 「これは何の音かな？」

アイマスクをして、スティックでたたいてみます。何をたたいているかを当てます。

介助のPoint!
介助者は、たたく品物の所にスティックをもっていけるように導きましょう。

運動としてのPoint!
刺激の少ない日常生活に、聴覚刺激をしっかり受けて、イメージの広がりを持たせます。

動機づけのPoint!
アイマスクをしていると、いつも見慣れたものでも、たたくと違うものに思えることを知らせます。

バリエーション・その1

「たたいて音を当てよう」

①相手からものが見えないように、布で隠しながらスティックでたたきます。
②何をたたいているかを当てましょう。

Point!
「思いつくものをたくさん言って、みんなの声もたくさん聞きましょう」と互いを意識させます。

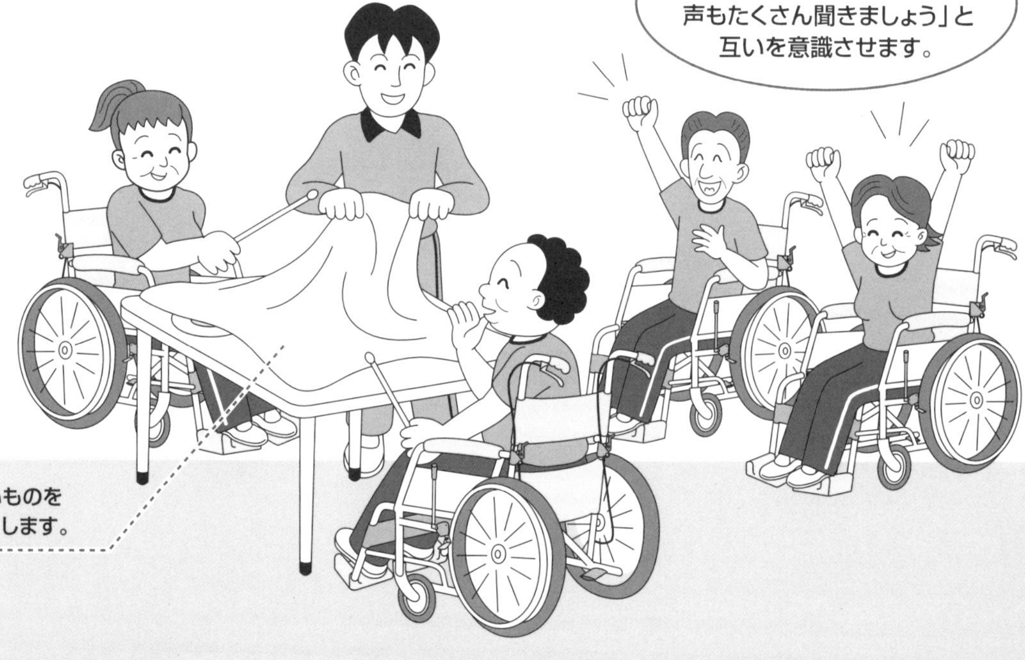

介助のPoint!
イメージしやすいものを使って答えやすくします。

このレクリエーションのねらい

感覚器官を刺激することで、注意力を高めて集中力を養い、大脳を活性化させます。また、うたを歌うことで、気軽に音を楽しみながら呼吸機能の改善につなげられます。

Point!
「声を出してリズムをとりましょう。」と言って、手といっしょに声を出します。

バリエーション・その2

「叩いた音はどんなリズム？」

リズムを変えてたたいてみよう。
タン・タン・タン
タタタン・タン・ターン等

①介助者はスティックでリズムをつけてものを叩きます。
②相手の人は、まねをして叩きます。
③かけあいをしながら楽しみます。

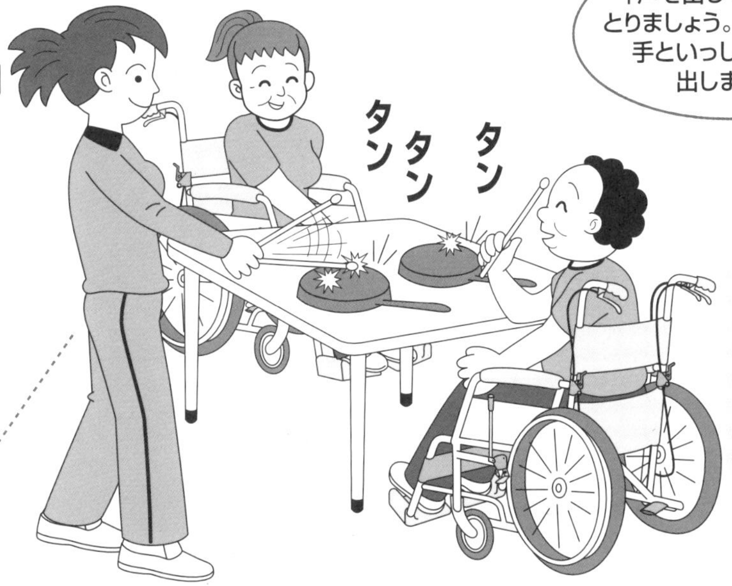

運動としてのPoint!
口を動かし、手を動かし、頭を使うことで、大脳の働きを活性化させ、ボケ防止効果があります。

介助のPoint!
スティックを持つ手に、介助者の手を添えて、してみます。

基本 「か」ぬきうた。（「七つの子」作詞・野口雨情/作曲・本居長世）

「七つの子」をかをぬいて歌いましょう。

♪ からす　なぜ　なくの　からすは　山に　かわいい　七つの
子が　あるからよ　かわいい　かわいいと　からすは　なくの
かわいい　かわいいと　なくんだよ
山の　古巣へ　いって　見てごらん　まるい　目をした　いい子だよ♪

からす　なぜ
からす　は　山に

Point!
「このうたはよく知られていますね。思い出しながら、できるだけ大きな声で歌いましょう」と、言葉がけをします。

バリエーション・その1

「拍手をしよう」

「か」のときは、拍手をしましょう。
拍手や握手、肩たたき、膝たたき、ほっぺなで等、工夫します。

Point!
知っているうたの中でよく入っている文字をとったり、体で音を出すようにすると、脳に刺激をもたらします。

メモ
音のテンポを変えたり、曲を変えたりしましょう。
チームの人数を一人ひとりの状態に合わせて工夫しましょう。

おもしろくて
ためになる
レクリエーション
6

風船

使っている動きのスキル

操作系
運動スキル

風船ゲーム

軽いけど、思うようにはいかない風船。
知らない間に心と体が軽くなる。

●用意するもの　風船

基本「つかんで、はなそう」

①風船を左手でつかんで、パッと浮かしながら離します。
②風船が浮いたら、両手でしっかりつかまえます。

言葉がけ Point!

「優しくつかんでしっかり扱って、でも、あまりムキにならないで」と言って楽しんでもらいます。風船が思い通りには動かないので、ゆったり楽しめる言葉がけをします。

運動としての Point!

首や肩まわりの筋肉をほぐし、関節の可動域を広げます。宙に上がったり浮いたりする風船を上肢や胴体をしっかり動かして追う機会を作ることが大切です。そうすることで、背筋や腕の力もついてきます。

バリエーション・その1

「身体がバットだ！身体で打って空に飛ばそう」

●手のひらで上に打ち上げます。

- 手の甲で上に飛ばします。
- 肘で上に飛ばします。
- 頭で上に飛ばします。
- つま先で上に飛ばして、手でキャッチします。
- 膝で上に飛ばして、手でキャッチします。

介助の Point!

風船が落ちないようにできるだけ続けられる満足感をもたせましょう。

Point!

「こぼれ玉は私がとりますから、思い切り飛ばそう」取りに行けない風船は打って渡してあげます。

運動としての Point!

自分の身体のいろいろな部分を考えて使うことが、生活の中での動きを今まで以上に広げてくれます。日頃、できないと思っていた動きが楽にできたり、できるようになったりすることがあります。隠れた自分の身体の可能性に気づくためにも、日頃動かさない身体の部位を動かして、自分の身体のことをたくさん知っていきましょう。

このレクリエーションのねらい

風船を操作する協応性の向上、風船を打ち上げたり、たたいたりすることにより、筋力の強化、関節の可動域の増大、空中での風船の移動に応じて身体を動かしたり追いかけたりして、空間認知能力を高めていきます。さらに風船を打って、ゲーム的展開を楽しむことによって、操作系運動スキル（打つ、捕る、渡す）の向上を図ります。

バリエーション・その2

体を使って 2人組でパスをしよう

- パンチで飛ばそう。
- 手のひらで飛ばそう。
- つま先で飛ばそう。

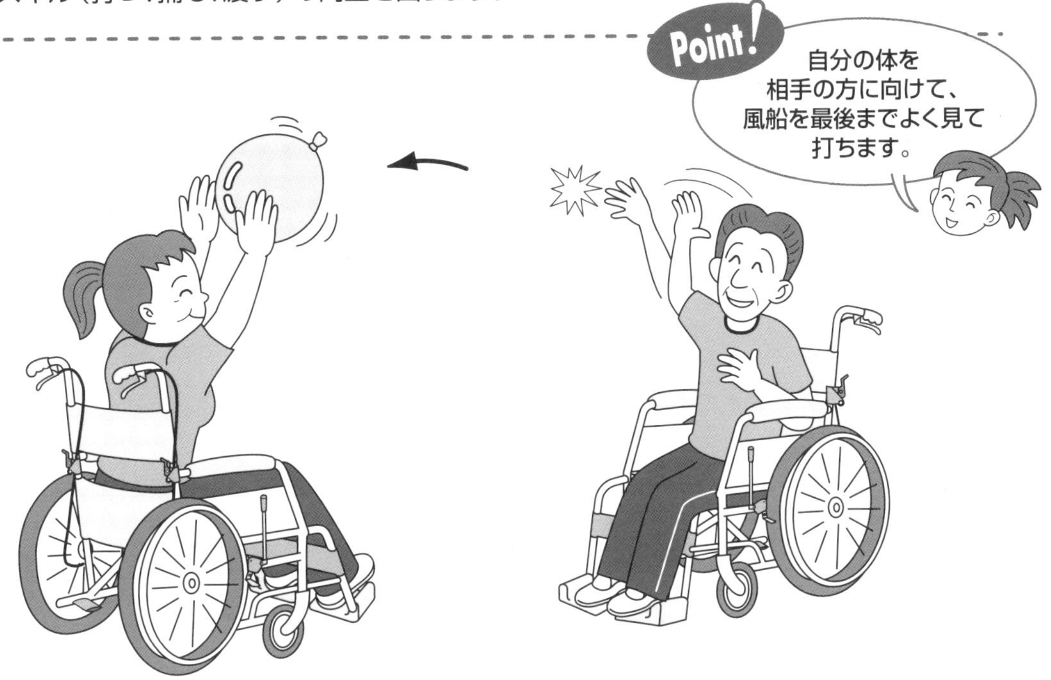
Point!
自分の体を相手の方に向けて、風船を最後までよく見て打ちます。

運動としてのPoint! 手先や足先を意識させることで、全身が緊張し、全身運動に結びつけることができます。

バリエーション・その3

「みんなで風船をだこう」

- 3人組で、持てる限りの風船をかかえます。そのままの姿勢で20秒間じっとします。どれだけ多くの風船が持てるかな。

言葉がけ Point!
「3人そろえば文殊の知恵。知恵をしぼって、たくさんかかえよう」と言いながら、みんなで考えて、協力し合えるよう言葉をかけます。

風船ゲームの特長

体を動かしづらい人でも、軽い風船だと楽に楽しむことができます。また、空気の抵抗によって風船が思うように動かない点からも、動かない体の部位までも動かそうとする気持ちにつなげることができます。

⑥ 風船ゲーム続き

少し難しい　バリエーション・その4

「風船をまわそう」

①介助者は、円の中央に位置します。
②介助者は前もって「東西南北」が入っているストーリーを作っておきます。『昨日、○○さんが孫のために北の畑に出かけてイモを採りました。そのイモをふかしてみんなでホク、ホク、ホクと食べました。』キタをホクと呼んでもいいです。できるだけ身近な話やその場にいる人の名前を使います。
③話が始まったら、円を作っている人は風船をまわします。その中で「東西南北」の言葉が出たときに、風船を持っていた人が「まいったなあ」と、頭に手をあてて言います。

言葉がけ Point!

東西南北の単語を言うときは、強調して言います。慣れたら、いろいろなところで強調した言い方で迷わせます。

メモ

風船の大きさや数を変えて、体の様々な部位を使って楽しみましょう。人とのかかわりを持つためには、風船を渡したり、打ち合ったりして相手を意識させることが効果的です。

おもしろくて
ためになる
レクリエーション

7

ボール、新聞
フープ

使っている動きのスキル

操作系
運動スキル

ボールゲーム

棒を持ったらまわりをよく見て、
自在にボールを動かして、目指すところへシュート！

言葉かけの Point！

「ボールをよく見て棒を大きく動かそう。
ボールが思うように動くかな？」と、
言葉がけをします。

ラインは、
場所（ホール等）
によって、センター
ラインだけでも
よいです。

●用意するもの

ボール（10〜20）…いろいろな大きさのもの
新聞棒（人数分）、フープ（8〜15）、コート（1）

基本「ボールよ！あっちに行け〜」

①左右とも、同じ数だけボールをコートの中に置きます。
②棒を使って自分のコートのボールを相手のコートに飛ばします。
③1分間、飛ばし終わったとき、どっちのコートのボールが多いかを比べます。
④ボールがコート内に多いチームの負けです。

補助の Point！

棒を振りまわすので、まわりに注意します。

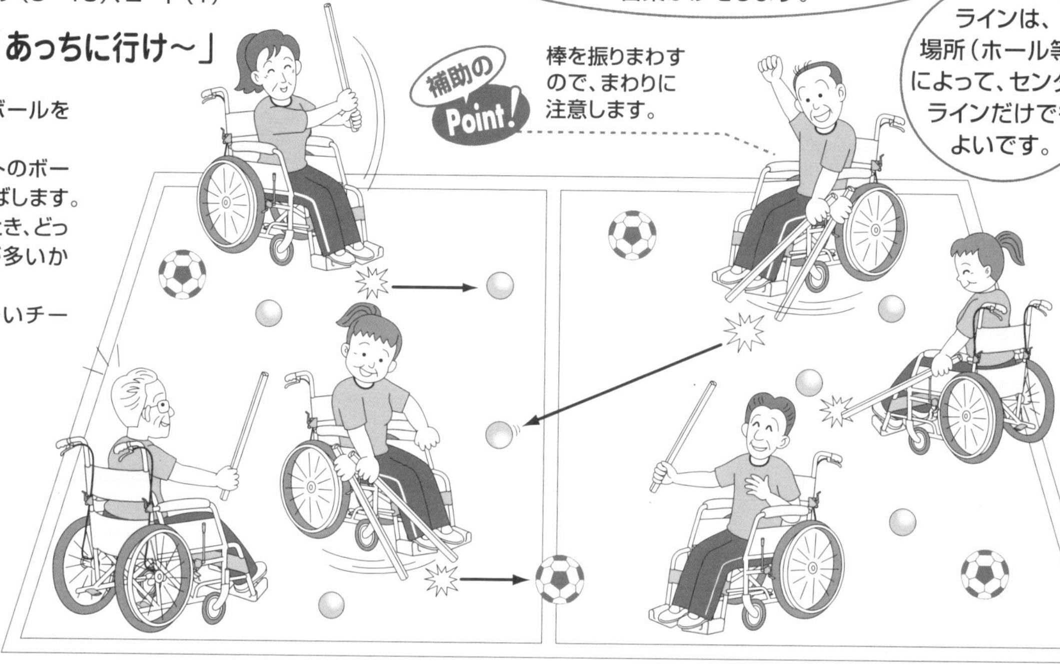

運動としての Point！

体のバランスをとりながら、背筋や腹筋を使って筋持久力を増強させます。

バリエーション・その1

「仲間のボール、こっちにおいで」

仲間のボールを棒で
フープの中に集めます。

・色が同じボールを集めます。
・大きさが同じものを集めます。
・種類や大きさ等、同じものを集めます。

介助の Point！

同じ仲間が見分けられるよう、そして、正しいものを選べるようにヒントを与えていきます。

脳の活動水準向上のための Point！

質問を変えながら、脳を刺激することで、認知力や判断力を高めることができます。

バリエーション・その2

自分の陣地を作り、そこまで互いにじゃまをしながら、運んでいきましょう。

このレクリエーションのねらい

様々なボールを使って、簡単なあそびから工夫したあそびへと発展させることで、体の動きが柔軟になり、そのことは気力の高まりへとつながります。また、首・肩まわり、背中の筋力を強化したり、関節の可動域を広げたり、空間認知能力を高めたりすることにも役立ちます。

バリエーション・その3

「わがままゴルフ」

①2人組になります。
②順番にボールを打ちます。
③少ない回数でリングの中に入れます。

Point!

「リングの中に入れるのは、至難の技!あなたは○○になれるかな?」と意外に難しいことを知らせます。

運動としてのPoint!

下に置いたリングの中に入れようと思っても、つい力が入ると、外に出ますね。力加減のしかたを、体でつかんでみましょう。

バリエーション・その4

「玉入れ、いかが?」

●**用意するもの**　玉(10〜20)…赤玉5〜10個、白玉5〜10個
火ばさみ(人数分)　玉入れカゴ(1)

①赤白のボール(大きさはいろいろ)をランダムに配り、膝の上に数個置きます。
②合図で自分のチームの色の玉だけをカゴに向かって投げます。相手チームの色のボールは、その場で床に落とします。ボールは必ず手で投げましょう。
③こぼれ玉は火ばさみではさんで取りましょう。
④自分のチームの色は何色か、まちがえないように入れます。
⑤90%のボールがカゴに入ったらストップしましょう。
⑥カゴに入れた玉の数の多いチームの勝ちです。

補助のPoint!

遠くにこぼれた玉は、動きづらい人に渡してあげましょう。

バリエーション・その5

「ボール DE シュート」

●**用意するもの**
ゴムボール(5×人数)
玉入れカゴ(2)

①2チームに分かれます。
②1人5個のボールを持ちます。
③カゴにボールを入れます。
いくつ入ったかを数えましょう。

1.車イスを動かさないで投げ入れます。
2.車イスを動かしながら投げ入れます。
※上半身が動きづらい人は、カゴ近くに位置します。

Point!

カゴを低くして、目線と同じにすると、ボールは投げやすいですね。でも、うまく入るか試してみましょう。

メモ

感覚機能をよくし、知覚・運動システムを発達・強化していきます。
ボールの大きさや形、硬さ等、いろいろな種類のものを使いましょう。
ボールを体の部位であやつったり、物(棒、ラケット等)を持って扱ったりしましょう。

おもしろくて
ためになる
レクリエーション

日用品
文房具など

使っている動きのスキル

操作系
運動スキル

⑧ 机の上で手を動かそう

机の上の手近なところで、記憶をたどって
考えながら手を伸ばそう。

言葉がけのPoint!

ことわざは大きな声で
ゆっくりと何回もくり返して
言ってみましょう。

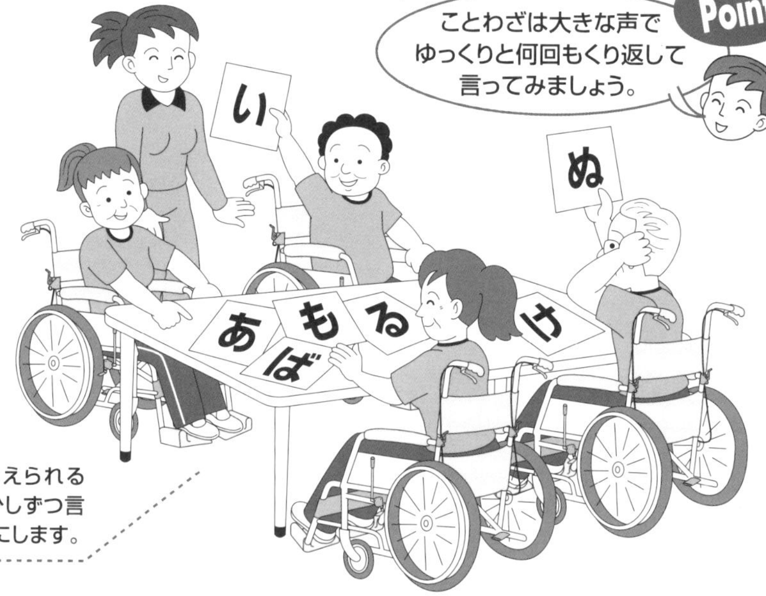

●用意するもの
一文字ずつ書いたカード

基本 「ことわざ発見」

ことわざを見つけよう。

①「犬も歩けば棒にあたる」など、カードをバラバラに置いて、ことわざを作ります。

運動としてのPoint!

机の上のものをすばやく取ろうと意識することで、上半身の筋肉を敏捷に動かすことができます。

介助のPoint!

急がせないで、考えられることわざを、口で少しずつ言いながら探すようにします。

バリエーション・その1

「記憶は確か？」

●用意するもの　日用品、文房具

①一人が1品ずつ物を持ちます。
②一人ひとりが順に自分が持っている品物を机の上に置いていきます。このとき、机の上に置かれている物すべてに触ってから置いていきます。
③大きな布で隠します。
④何があったかを思い出して、一人1品ずつ言います。
⑤みんなですべての物が言えたら終わりです。

このゲームの特長

思い出すことを口にすることで、記憶力や認知力を高めたり、勘を働かせて仲間との協調性を持つことができます。このことは、認知症の予防や老化防止につながります。

介助のPoint!

思い出せない人には、何かで話すチャンスを与えたり、2人組で考えさせたりしながら、気持ちが楽になるようにします。ゲームに慣れたら、品物を変えたり、増やしてみましょう。

バリエーション・その2

「なくなった物はなあに？」

①机の上にある物を見せて、これから隠すことを知らせ、布をかぶせます。
②目を閉じてもらい、1つ取ります。
③布をとって見てもらいます。
④なくなったものを当てます。

Point!

「よく見て考え、口にしてみましょう。まちがえてもいいですよ。口にしようとする気持ちが大切ですから」

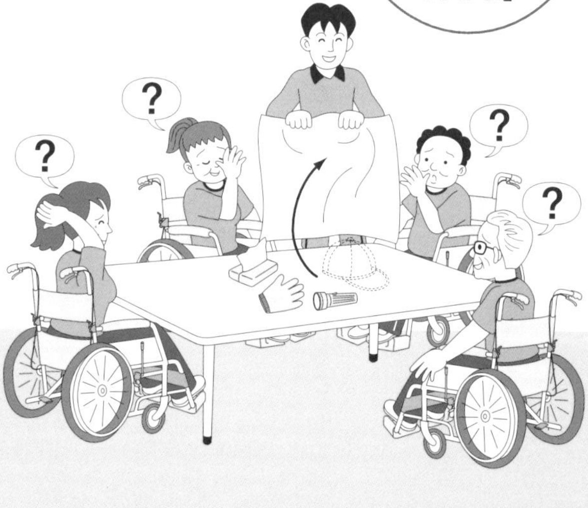

このレクリエーションのねらい

活動の中から過去の記憶を思い起こすことで、大脳に刺激が与えられ、脳の活性化につながります。また、言葉を口にしたり手を出したりすることで、自らの自発性と空間認知能力を高め、さらに、すばやい動きのくり返しと持続によって身体の機能低下を防ぎます。

バリエーション・その3

「料理をさがせ」

①素材のカードを机の上にたくさん置いておきます。
②カードを全部使うと何ができるか、料理名を当てます。

言葉がけのPoint!

「どんなときに食べるものかな?お正月?それともお盆のとき?」等と、ヒントを与えて答えに導きましょう。

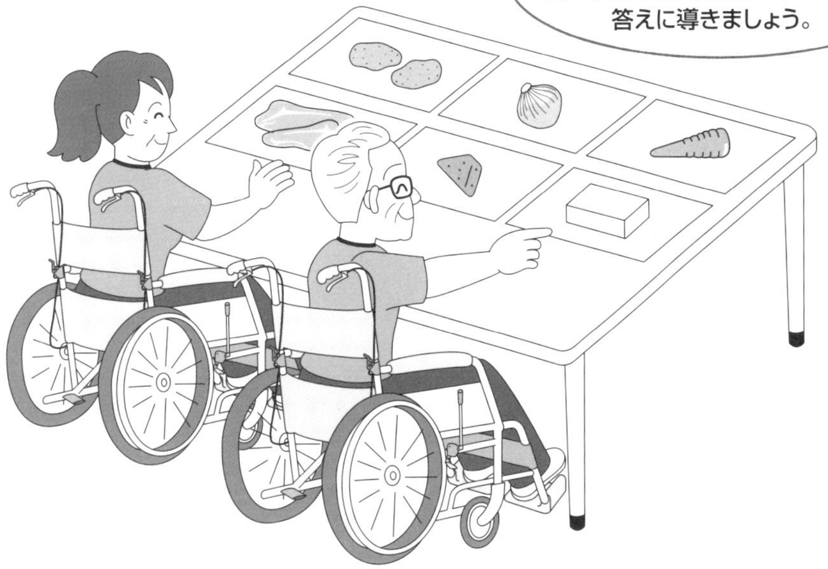

運動としてのPoint!

思い出したり、考えたりすることで、脳を活性化させるので、ボケ防止になります。

バリエーション・その4

「あなたの家庭の味は?」

①いろいろな素材をかいたものを置きます。カードを組み合わせて好きな料理を作ります。
②その家ならではの味(調味料やメニューなど)をカードにかき、素材を組み合わせてその人の「家庭の味」や思い出を紹介します。

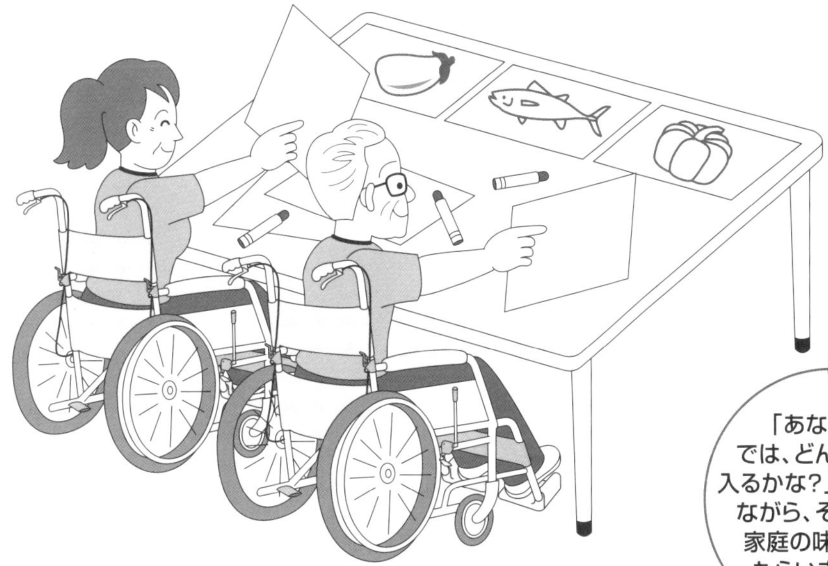

言葉がけのPoint!

味についての思い出を聞きます。

Point!

「あなたの家では、どんなものが入るかな?」と語りかけながら、それぞれの家庭の味を語ってもらいましょう。

メモ

誰でも知っていることわざはもちろん、なぞなぞやクイズをしてみると楽しいですよ。
カードに言葉を書き、それから連想できる心地よい過去の体験を話すようにしてみましょう。

おもしろくて
ためになる
レクリエーション
9

新聞紙

使っている動きのスキル

操作系
運動スキル

新聞紙ゲーム

ちぎって組み立てたり、長さを競ったりしてみましょう。
みんなといっしょに協力すれば、心がふんわり軽くなる。

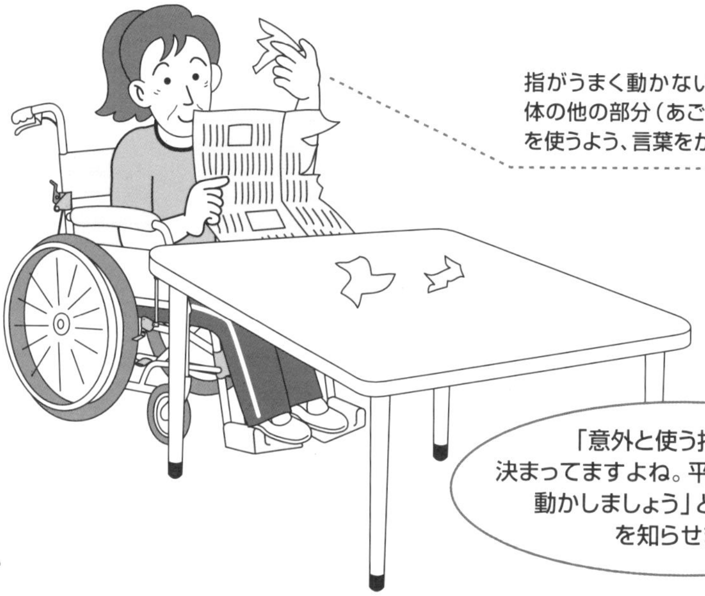

基本「新聞紙をちぎろう」

・両手を使ってちぎります。
・親指と人差し指を使ってちぎります。
・親指と中指を使ってちぎります。
・親指と薬指を使ってちぎります。
・親指と小指を使ってちぎります。
・手を使わないで、腕を使ってちぎります。
・足を使ってちぎります。
〈片マヒの方〉
　2人組や介助者と協力してちぎります。

介助のPoint!
指がうまく動かない方には、体の他の部分（あご・腕など）を使うよう、言葉をかけます。

運動としてのPoint!
手指運動は、手指や腕の筋力の強化ばかりか、大脳を活性化します。

言葉がけのPoint!
「意外と使う指って決まってますよね。平生、使わない指を動かしましょう」と、刺激の部位を知らせます。

バリエーション・その1

「パズルをしよう」

①1枚の新聞紙を好きにちぎります。
②ちぎった紙は、机の上に乗せておきます。
③小さくちぎったら、新聞紙を今度はもとにもどします。

Point!
「次のことを考えないでちぎった紙をもとにもどすって頭を使いますね」と、意外性を楽しんでもらいましょう。

バリエーション・その2

「長くちぎろう」

①1枚の新聞紙を途中で切れないように1本の長いヒモにします。
②手の指先を使ってちぎります。
　1分間でどのくらい長くちぎれるかを比べます。

新聞にも“切れる目”があります。どうしたら長くなるかを、考えてみましょう。

Point!
切る時間は、集まった人たちの状態に合わせましょう。

このレクリエーションのねらい

自分の指や手、足、身体を使って、新聞紙をちぎったり、つまんだりして、操作することで微細運動スキルを向上させるとともに、手指の筋力の強化にもつながっていきます。また、身体認識力や空間認知能力も高めてくれます。

Point!

「みんなで力を合わせ、破れないようにしましょう」と言って、人と協力することに気づいてもらいます。

バリエーション・その3
「ボールをおとそう」

①1枚の新聞紙を4つに切り、それぞれを丸めてボールを作ります。
②もう1枚の新聞紙でボールが通るような穴を1つあけます。（穴の大きさはボールがかろうじて入る程度）
③4人で新聞のはしを持ちます。新聞紙をやぶかないように動かして、ボール（新聞ボール）を穴に落とします。

介助のPoint!

介助者は動きづらい側に位置し、本人が主体的に動けるようサポートします。

運動としてのPoint!

互いに声を出し合って、心肺機能を高めます。また、すばやく動いて機敏さを養います。

バリエーション・その4
「対抗戦をしよう」

複数の持ちボールを、すべて穴の中に落とす時間（秒）を、チームで競います。

新聞ゲームの特長

身近な新聞紙を使うことで、誰でもが簡単に取り組みながら、上半身を動かし、人とのかかわりの中で工夫する気持ちをもたらします。また、動かしづらい体も互いの協力で動かすことができ、満足感を得ることもできます。

Point!

「どうしたら、早く落ちるでしょう」と、問いかけながら、お互いに考えを出し合えるようにしてみましょう。

Point!

早く落ちても新聞紙が大きくやぶけていると負けになります。

介助のPoint!

指先を動かしづらい人には、何に困っているかを知り、手伝ってあげましょう。

メモ

ボールや新聞の穴の大きさを変えて工夫します。手の指や足の指を巧みに使って楽しみます。声を出したり、協力したり、考えたりしながら、大脳の働きを活性化します。2人組になったり、穴の数を変えたりして楽しみましょう。

おもしろくて
ためになる
レクリエーション
10

お手玉

使っている動きのスキル

操作系運動スキル

的当てゲーム

ゆっくりとねらいを定めて、上から下から投げてみよう!

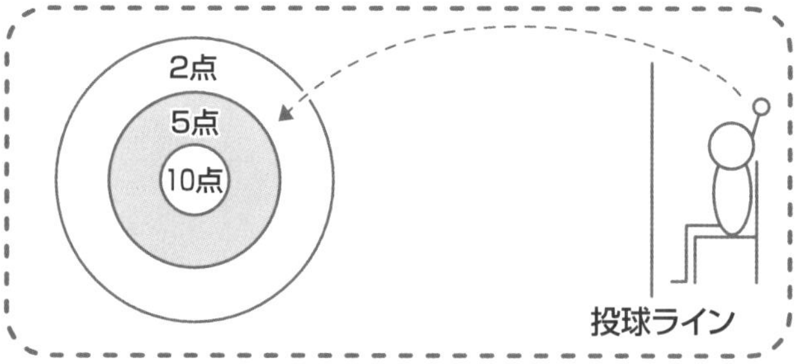

●用意するもの　お手玉（1人10）、的（1）

●すすめ方

①2チームに分かれます。
②地面に図のように描いた的を置き、投球ラインを引きます。
③投球ラインよりお手玉を投げ、落ちたエリアの点を合計して得点を競います。

●メモ

当てた的の点によって（5点はみんなと握手をしましょう、2点はうたを歌いましょう等）、レクリエーションを取り入れると、楽しさが広がります。

このレクリエーションのねらい

チームで応援することで、協調性を養います。また、的をねらってお手玉を投げることで、上肢の筋力や集中力を高め、手と目の協応性が向上していきます。

ゲーム発展の工夫 Point!

「下から、上から、投げ方を変えてみましょう」と、楽しんだり、点数をつけたりして、バリエーションを工夫してみましょう。

おもしろくて ためになる レクリエーション 11

ダーツの的、ボール

使っている動きのスキル

操作系運動スキル

Shall we ダーツ!?

ボールを持ったら心を落ち着かせ、
的に向かって レッツ トライ!

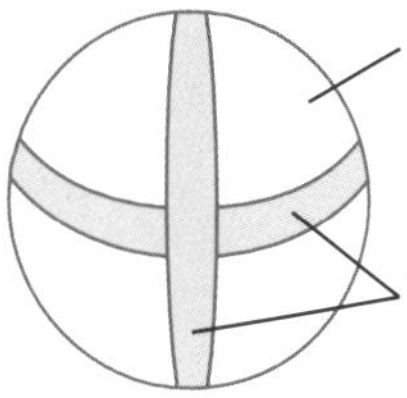
ボール
ピンポン玉ぐらいの
大きさの軽いボール。
マジックテープ
ボールを縦、横ぐるっと
1周させるようにつける。

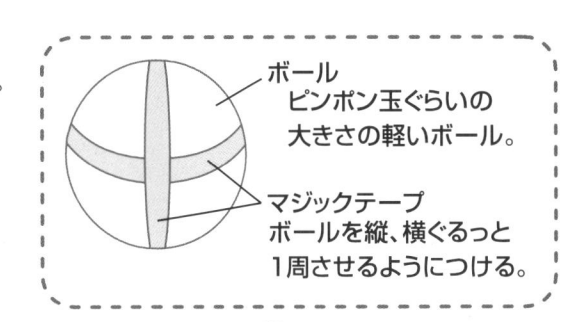

●用意するもの ダーツの的（1）、ボール（10）…マジックテープをつける。

●準備 安全のため、矢の代わりにボールを使用します。
ダーツの的とボールに、マジックテープをつけます。

●すすめ方

①1グループ4～5人のグループに分かれます。
②順番に1人ずつ10回投げます。
③10回投げた合計を、それぞれのチームで数えましょう。

●メモ

的の大きさや高さ、ボールの大きさや重さを変えることで、楽しさを増すことができます。

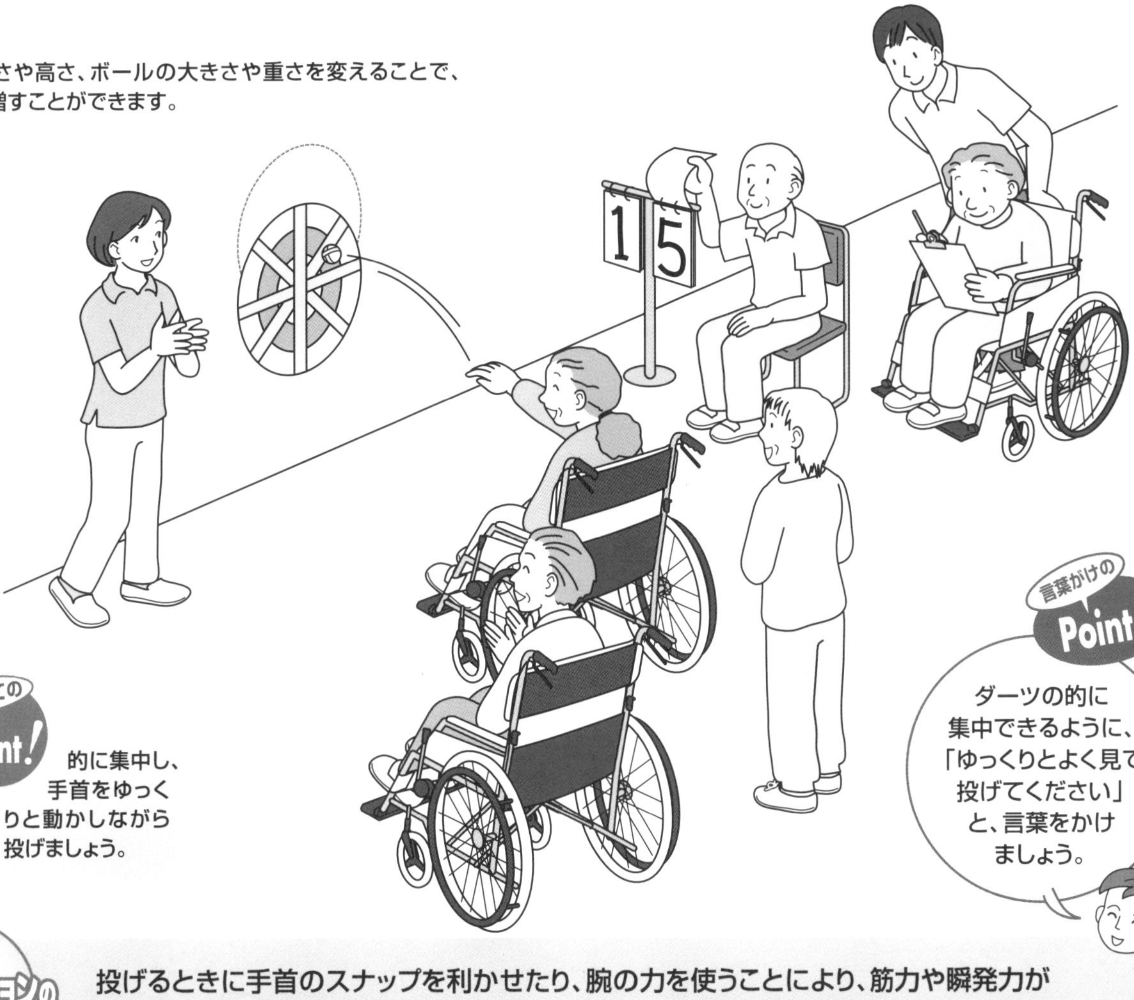
15

運動としての Point!

的に集中し、手首をゆっくりと動かしながら投げましょう。

言葉がけの Point!

ダーツの的に集中できるように、「ゆっくりとよく見て投げてください」と、言葉をかけましょう。

このレクリエーションのねらい

投げるときに手首のスナップを利かせたり、腕の力を使うことにより、筋力や瞬発力が高まるだけでなく、上肢の動きも広がります。また、的を狙って投げることにより、集中力を高め、チームで協力してゲームをすることにより、協調性も身についていきます。

おもしろくて
ためになる
レクリエーション

ペットボトル・ボール

12

使っている動きのスキル

操作系運動
スキル

おもしろボウリング

単純なボウリングが、条件を変えたら
お腹を抱えて大笑い! みんなの知恵を結集しよう。

●用意するもの　色のついたペットボトル（6）…水を入れます
ボール…（2種類のボール1つずつ）

●すすめ方

①2～3人のチームを作ります。
②リーダー同士でボールを選びます。
ボールは、一巡すると交換します。
③ジャンケンに勝ったチームは、投げる順番を決め、順にスタートラインから、ボールをピンに向けて転がして当てます。ピンを倒すと1点、得点できます。ジャンケンに負けたチームは、得点をつける係になります。
④チームが一巡したら、投球チームの交代です。相手チームが使っていたボールを使って、同じようにボウリングを楽しみます。
⑤最後は、チームごとの合計得点を競います。

●メモ

ペットボトルに水を入れる段階からチーム作業を始めると連帯感が生まれます。条件を変化させることは、一人ひとりが考え、工夫する力を持つことであり、コミュニケーションを深めることにつながります。
①ボールの重さ、形、大きさを変えること。
②投げる距離を変えること。
③ペットボトルの水の量や数、色を変えること。
④投球回数を変えること等。

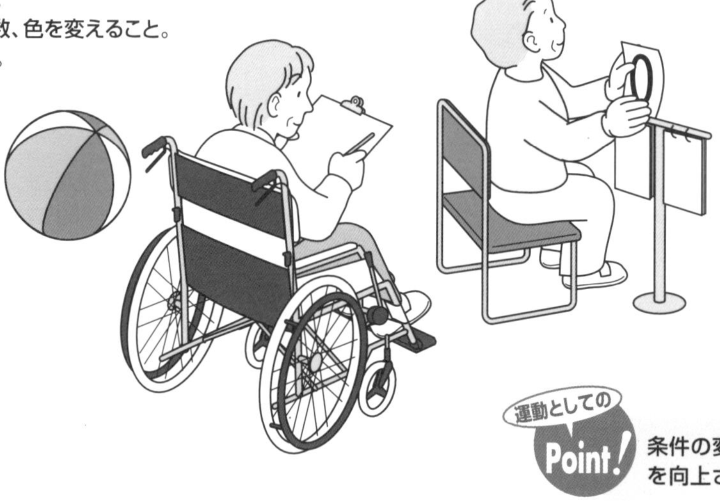

言葉がけの Point!

「どのピンを倒そうかな?」と、集中させるような言葉がけをしましょう。

運動としての Point!

条件の変化は、身体の使い方や筋力を向上させる楽しさにつながります。

このレクリエーションのねらい

ボールを転がして的に当てることにより、筋力だけでなく、協応性を高めることができます。技術としては物を操作するスキル（操作系運動スキル）が高まり、器用さが身につきます。物を操作するということは、生活の中でも、いろいろなことができる基礎技能です。しっかり身体を動かして楽しんでください。また、的までの距離感覚や高低感覚を失わないようにするためにも、これらの活動を通して、空間の認知能力をしっかり鍛えておきましょう。

おもしろくて
ためになる
レクリエーション

大玉・三角ポール

使っている動きのスキル

操作系運動
スキル

13 大玉ころがし むこうへ、こっちへ

行きはよいよい、帰りは大変。
それでも、大玉ころがって、楽しいね。

●用意するもの　大玉（2）、
コーン（2）

●すすめ方

①車イスの人と介助者がペアとなり、2チーム作ります。
②スタートラインから、車イスと介助者が大玉を転がします。介助者は車イスの人が大玉を転がしやすいようにサポートをします。
③コーンをまわったら、後進してもどっていきます。スタートラインに着いたら、次のペアにタッチして交代します。
④最後のペアが早くもどったチームの勝ちです。

●メモ

車イスの人が大玉を転がすことに集中できるよう、介助者は声かけをしながら進むとよいでしょう。

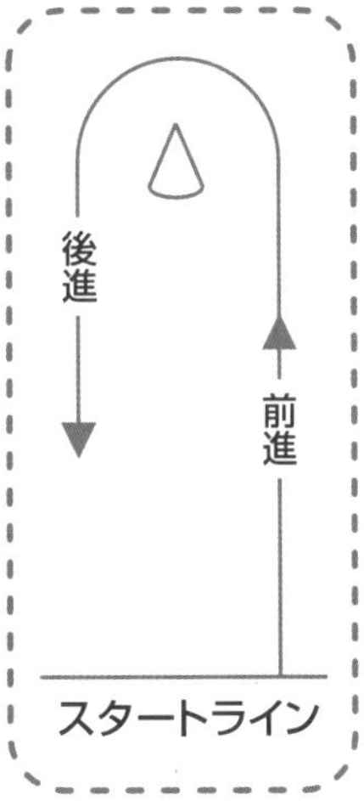

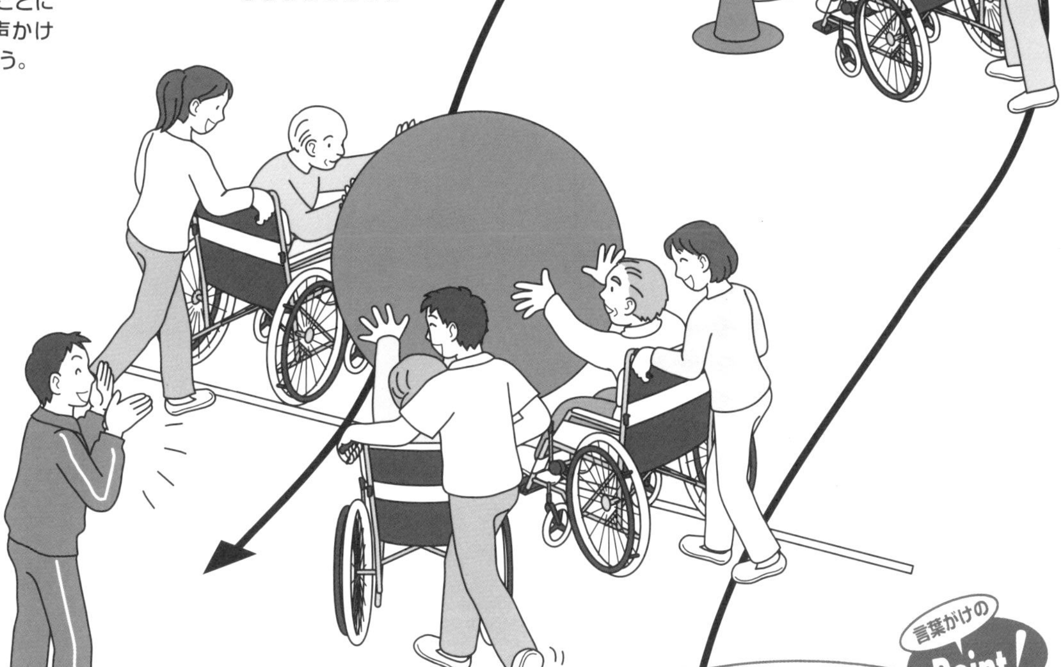

運動としてのPoint!

進行時の大玉の操作は、手のひらや腕を使いますが、バックするときは、指先まで使います。介助者が移動するペースがとても重要になります。遅すぎず、速すぎず、しっかり調整してね！

言葉がけのPoint!

つい前向きになってしまうので、「後ろ向きで、そのままもどってきてね」と、言葉をかけましょう。

このレクリエーションのねらい

大玉を巧みに転がすことで、腕の筋力がつき、集中力を高めます。また、チームでゲームをすることにより協調性が身につきます。

おもしろくて
ためになる
レクリエーション
14

パン・ポール・ひも

使っている動きのスキル

操作系運動
スキル

パンのあごはさみリレー

あごでパンをはさむなんて、
口とどちらが器用かな?試してみよう!

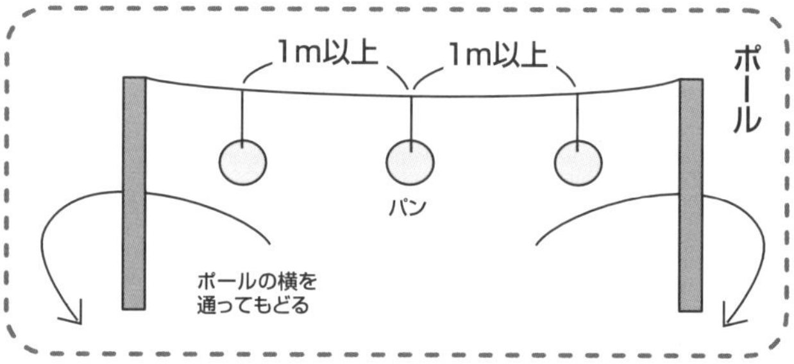

●用意するもの　ポール(2)…1.5m程度のもの
ひも(1)、パン(3×人数)

●準備　図のように2本のポールの間に、
ひもを取りつけ、パンをぶら下げます。

●すすめ方

①グループ分けをします。
②スタートラインよりスタートし、パンのところまで行って、パンをあごではさみ取り、ポールの横を通ってもどってきます。
③次の人にタッチをし、最後の人が速くもどってきたチームの勝ちです。

●メモ

車イスの幅を考え、他の車イスと接触しないように、パンの間隔を1m以上あけておきましょう。袋に入ったいろいろな種類のパンを用意しましょう。

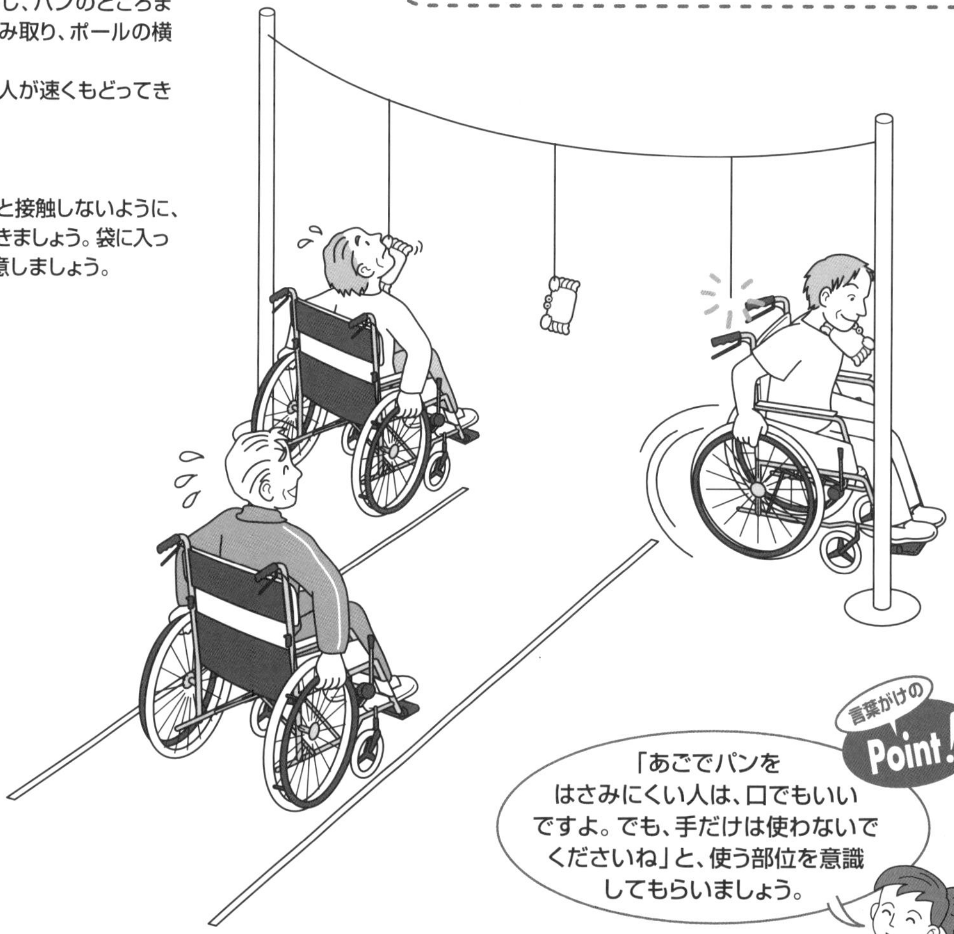

運動としての **Point!**

下向きの姿勢を上向きに変え、背筋をのばし、首まわりの筋力をつけましょう。

言葉がけの **Point!**

「あごでパンをはさみにくい人は、口でもいいですよ。でも、手だけは使わないでくださいね」と、使う部位を意識してもらいましょう。

このレクリエーションのねらい

パンの下にうまく車イスを運転して移動し、あごでパンを取ることでバランス感覚が養えます。また、チーム競争なので仲間意識が生まれ、協調性も養えます。

おもしろくて
ためになる
レクリエーション
15

カゴ

使っている動きのスキル

操作系運動
スキル

車イス玉入れ

カゴを追いかけながら、ボールからは逃げよう。
足もとに注意! 注意! 要注意!

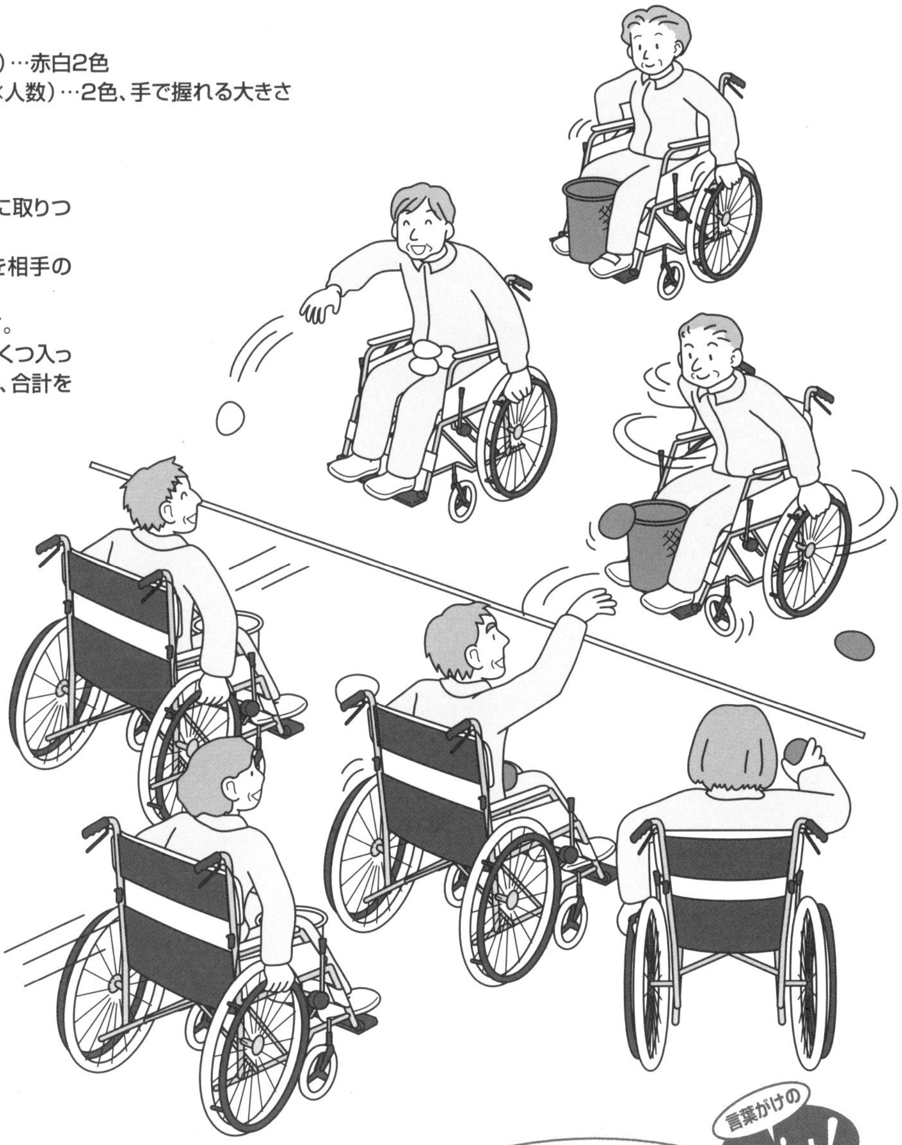

●用意するもの　カゴ（人数の半数分）…赤白2色
スポンジボール（5×人数）…2色、手で握れる大きさ

●すすめ方

①同じ色のボール5つとカゴを持ちます。
②カゴは、足の間にはさんだり、両足の前に取りつけたりします。
③スタートの合図で、逃げながらボールを相手のカゴに入れるようにします。
④全員がボールを投げ入れたら終わります。
⑤自分のカゴの中の相手の色のボールがいくつ入っているか、そして、チームでは、いくつか、合計を出します。

●メモ

片マヒの人には、介助者が車イスを動かしてサポートします。

運動としての Point!

落ちたボールも火ばさみで拾って使ってもよいことにすると、運動量が増し、さらに活動が、より激しくなってきます。安全のためにも、時間を区切って、休憩も必要となります。

言葉がけの Point!

「勢いをつけすぎると、ケガをしますから気をつけましょう」と言って、とくに後ろの空間に気を配るよう、働きかけましょう。

このレクリエーションのねらい

車イスの操作が巧みになると同時に、カゴの中に入れるための集中力が養われます。また、協応性や敏捷性、反射神経も鍛えられます。

おもしろくて
ためになる
レクリエーション 16

車イス

使っている動きのスキル
移動系運動スキル

ジャンケン車イスゲーム

「ジャンケンで勝たないと!」心の中は、
ハラハラ、ドキドキ! でも、ちょっぴり期待でワクワク!

●すすめ方

①5人1組になり、それぞれ離れた場所に位置します。(距離は2〜3m程度)
②第1走者は、スタートの合図で、次の人の場所(b)に向かって移動します。
③ジャンケンをし、ジャンケンに勝った方が、次の人の場所へ移動します。
移動してきた人が勝った場合は、「ゴー」と言って、次の位置に向かって進みます。負けた場合は「ハイ、タッチ」と大きな声で言い、その場に留まります。そのときの勝者は「オッケー」と言い、移動します。
④こうして、それぞれの場所でジャンケンに勝ち、一番早く通算4勝した人が勝ちです。全員で「ヤッター」と歓声をあげ、終わりとします。
※第1走者がスタートしたら、(a)に第5走者がスタンバイします。

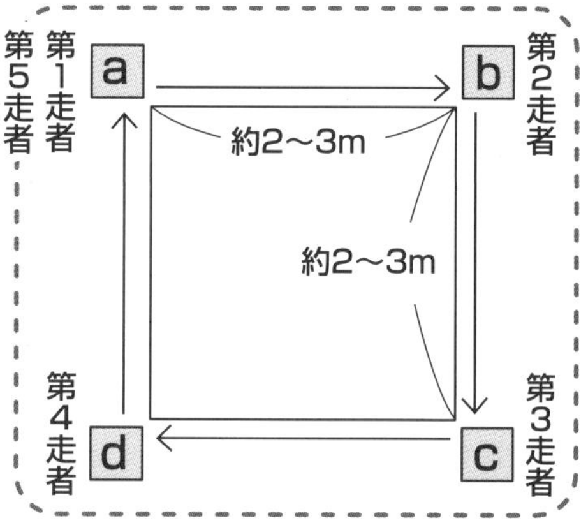

●メモ

2〜3mの距離は、長い廊下とか、曲線のスペースを上手に使ってみましょう。ただし、でこぼこの場所は避けましょう。片マヒの方には、マヒ側に介助者が立ち、サポートしましょう。

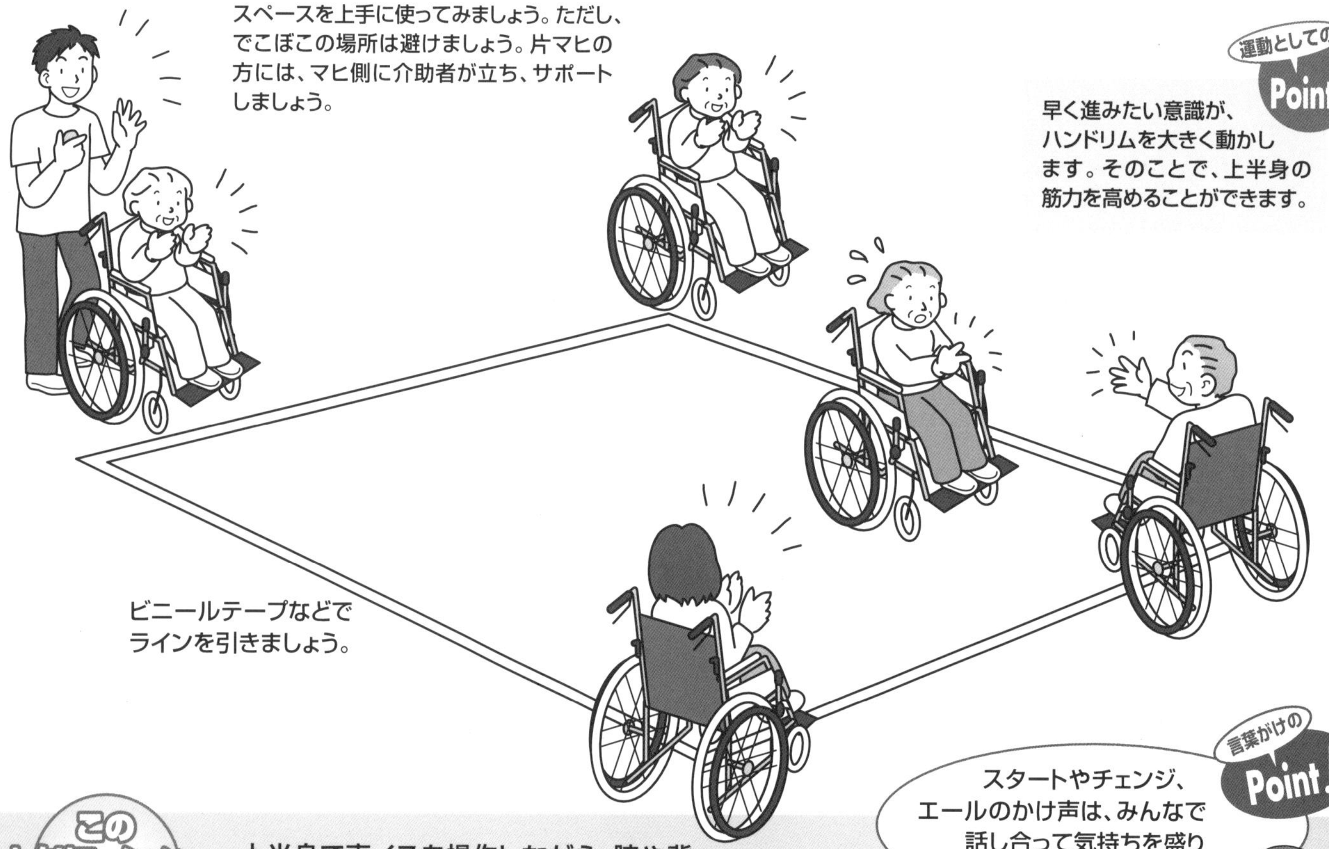

ビニールテープなどで
ラインを引きましょう。

運動としてのPoint!

早く進みたい意識が、ハンドリムを大きく動かします。そのことで、上半身の筋力を高めることができます。

言葉がけのPoint!

スタートやチェンジ、エールのかけ声は、みんなで話し合って気持ちを盛り上げましょう。

このレクリエーションのねらい

上半身で車イスを操作しながら、腕や背筋の筋力を向上させます。また、大きな声を出して、心肺機能を高めましょう。

おもしろくて
ためになる
レクリエーション
17

タオル・ボール

使っている動きのスキル
移動系運動スキル
操作系運動スキル

さかなを捕まえよう!

なんて生きのいい魚でしょう。
みんなの動きを合わせて、魚をカゴに送りましょう。

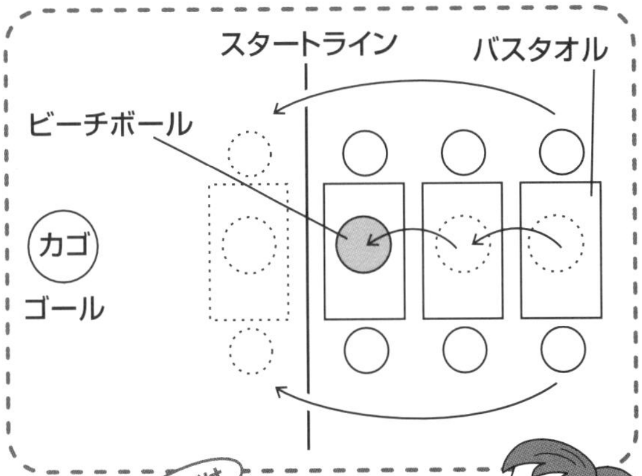

●用意するもの　バスタオル（人数の半数分）、
ビーチボール（チーム数分）

●すすめ方

①2列に並んでスタートラインに位置し（向かい側の人とペアになります）、タオルをペアに1枚ずつ配布し、最後尾の人にはボール（魚）を渡します。
②音楽を流してスタートします。タオルは川の水、ボールは魚と考え、ペア同士がタオルの端をもち、隣りのタオルと連結させ、送られてきたボールを次のペアのタオル上に送ります。
③ボールを送ったらすぐ前に回り、同じ動作をくり返します。早くボールをゴールまで送り、カゴにボール（魚）を入れましょう。

●メモ

タオルがない場合は、新聞紙とビーチボールがよいでしょう。移動時にタオル（新聞紙）が車輪に巻き込まれないように、どちらかの方が膝の上にタオル（新聞紙）を置いて移動しましょう。チームごとに話し合って協力し合いましょう。また、片マヒの方には、介助者がマヒ側の手のサポートをしましょう。

言葉がけ Point!

スタートの前に
「今からみんなは川の水です。
下流にはさかなを捕まえるしかけがあります。そこまで、速くさかなを流して捕まえましょう!」と、言葉をかけましょう。

介助の Point!

車イスを自分で動かすことが難しい方は、介助者が移動を手伝いましょう。

このレクリエーションのねらい

ボールをタオルで操作したり、バランスをとりながら、移動させたりして、協応性や巧緻性、機敏さを養います。

おもしろくてためになるレクリエーション 18

新聞紙・白紙
ペットボトル・マジック

使っている動きのスキル

操作系運動スキル

輪投げクイズ

ペットボトルに輪をかけて、
見えたキーワードは、あなた好み?

●用意するもの

新聞紙、白い紙、ペットボトル、油性フェルトペン

●準備

・1つのテーマについて、それを連想させる9つのキーワードを紙に書きます。（例:リンゴ→「赤い」「甘い」「種がある」等）その上にキーワードが見えないように紙を貼り、はがれるようにしておきます。

・新聞紙を使って、ペットボトルが軽く通る大きさに輪を作ります。

・ペットボトルを9つ用意し、底にそれぞれ1～9の番号をつけます。

●すすめ方

①中央にペットボトルをバラバラにおきます。

②外側のペットボトルから、1m離れたところにラインを引きます。

③みんなで順番を決めて、輪を投げます。

④輪がペットボトルにかかったら、そのペットボトルの底の番号のキーワードを見ます。

⑤キーワードを見て、そのそれが示すテーマを考えて当てましょう。当たるまで、くり返し行ないます。

⑥輪を投げ終わっても、テーマを当てられない場合は、キーワードを多く見た方の勝ちとします。

●メモ

テーマやキーワードを、各チームで考えて作るのも楽しいですよ。チーム対抗で、テーマあて合戦を楽しみましょう。

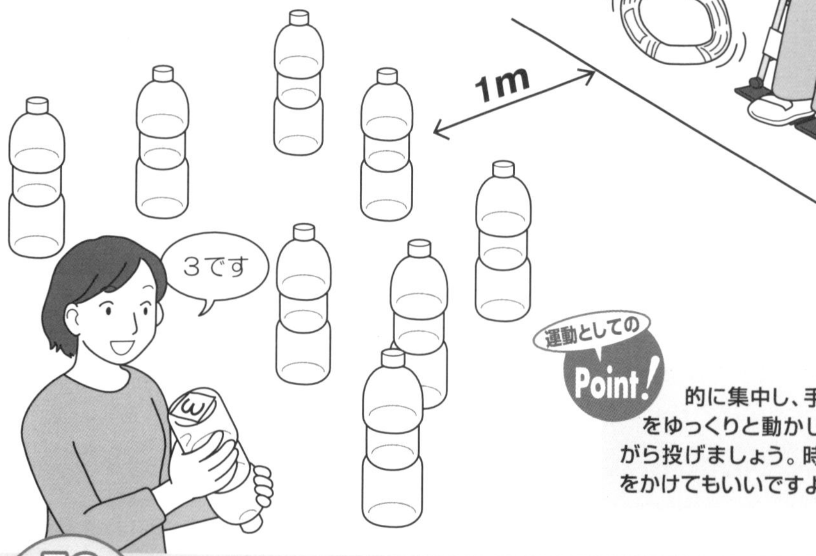

運動としてのPoint!

的に集中し、手首をゆっくりと動かしながら投げましょう。時間をかけてもいいですよ。

言葉がけのPoint!

キーワードが見えても、イメージする言葉が見つからない方には、「赤といえば、太陽かな?」と、答えとは違うことを言って、イメージを広げる手伝いをしましょう。

このレクリエーションのねらい

上半身がどのように動いているかを知る、身体の認識力や、筋力や協応性、平衡性などの身体機能を高めます。

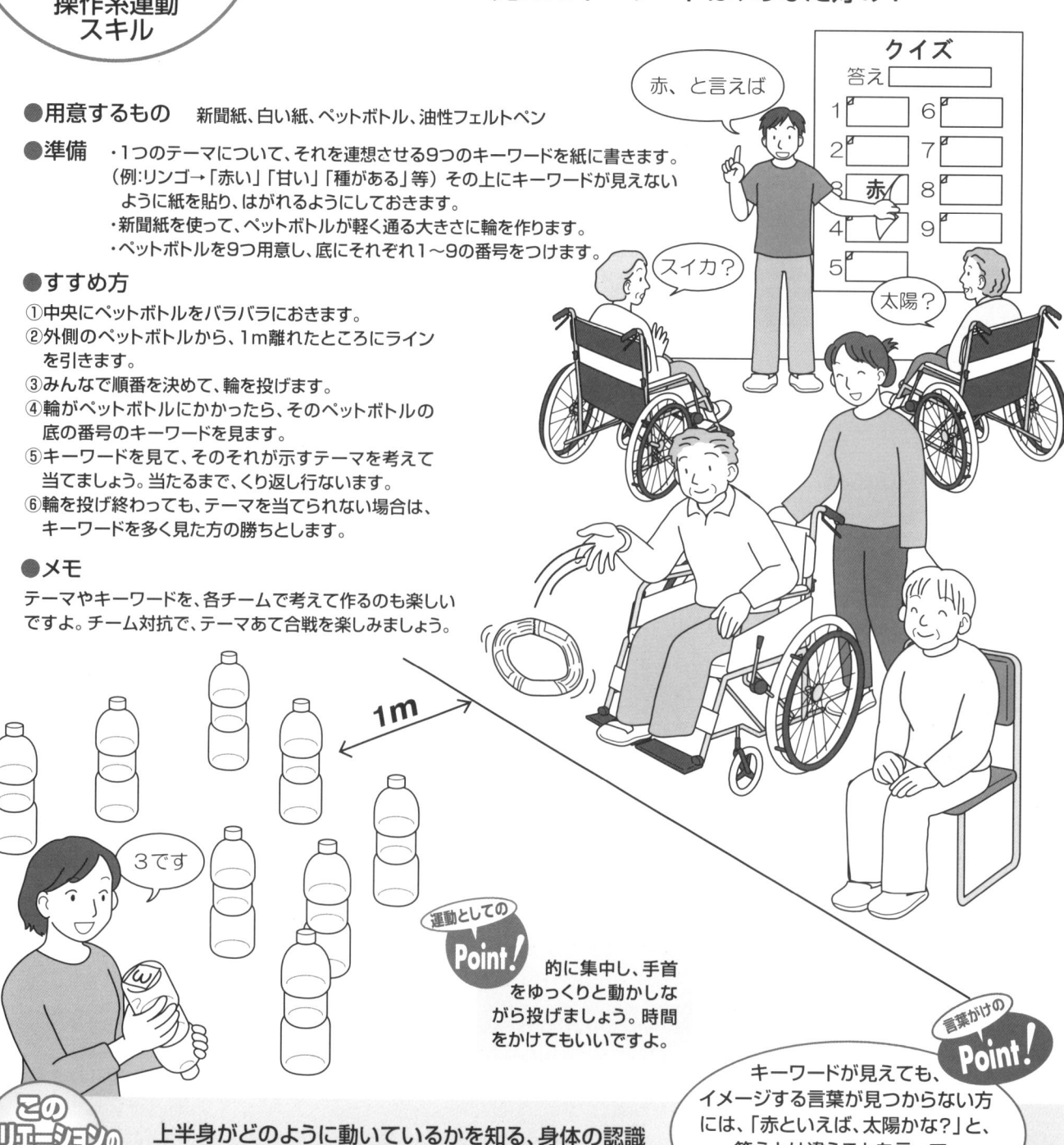

おもしろくて
ためになる
レクリエーション 19

ピン球
新聞紙・バケツ

使っている動きのスキル

操作系運動
スキル

ピン球わたし

みんなで考え作った筒を、
思い通りに動かして、心といっしょにゴールを目指そう。

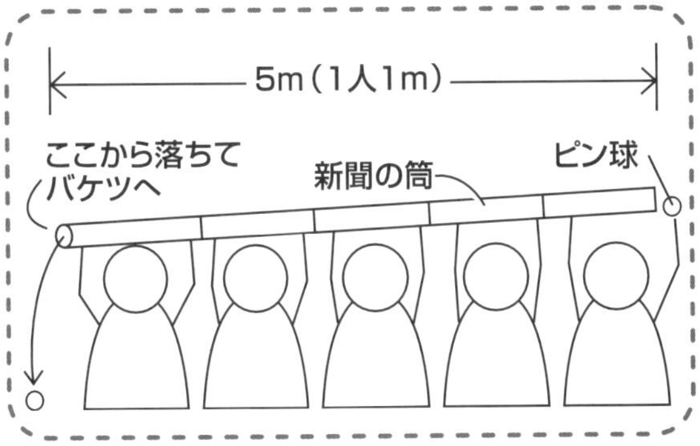
5m（1人1m）
ここから落ちて
バケツへ
新聞の筒
ピン球

●用意するもの　ピンポン球、バケツ（チーム数分）
新聞紙（1人1枚）、
クラフトテープまたはセロハンテープ（1）

●すすめ方

①5人程度のチームを作ります。
②チームで話し合って新聞の筒を作ります。新聞の筒の中の大きさは、ピンポン球が通るようにします。
③チーム全員で横一列に並びます。
④端からピンポン球を入れ、反対側に置いているバケツの中に落とします。

●メモ

人数分のピン球が、バケツの中に上手に入るまで、何回でもチャレンジしてみましょう。片マヒの方には、介助者がマヒの手のかわりを行ないましょう。

言葉がけの Point!

「どのようにしたらスムーズにピンポン球が送れるかを、みなさんで話し合ってもかまいませんよ」と話し、みんなでアイデアを出し合う機会を作ってあげましょう。「身長順に並んでみましょう」とか、「胴の長い順だよ!」という声が聞こえてくると楽しいですね。

Point!

言葉や行動で、他の人とコミュニケーションを図りながら、イメージ通りの自分に近づきましょう。

このレクリエーションのねらい

チームで力を合わせることで、協調性を養い、精神力を高めます。また、首・肩のまわりの筋肉や背筋をしっかり使っているので、肩こりの軽減にも役立ちますよ。背を伸ばしたり、両腕を高く維持することによって、筋の緊張を解いたり、逆に筋持久力を高めたりできます。長い時間持ち上げていても、みんなといっしょだから、がんばることができるのですね。

車イスで楽しむための基本テクニック 1

車イスを自由自在、自分の思うように動かせますか?

－車イスでも、動ける喜びを味わいましょう－

ひとりで動きましょう

いつでも好きなところへ自分で行けたら、生活の楽しさがグーンとアップ。ダンスだってできちゃうかも!!

1 前に進もう。………両手でハンドリムを持ち、後ろから前に動かしましょう。

回す方向
前

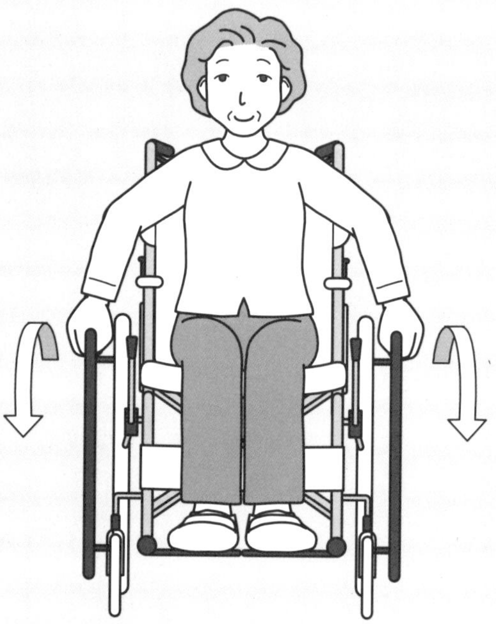

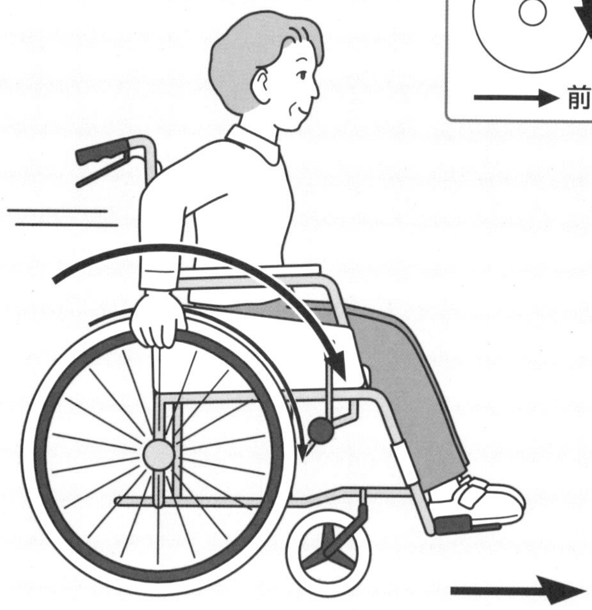

Point! **左に曲がる人**
(自分の姿勢や力加減を知りましょう)

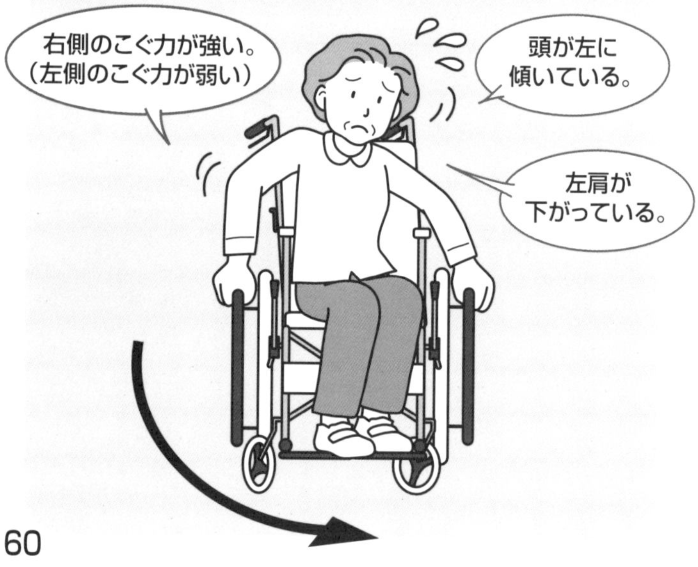

右側のこぐ力が強い。(左側のこぐ力が弱い)
頭が左に傾いている。
左肩が下がっている。

大きくひとこぎして止まりましょう。

〈止まり方〉

注意 Point!
スピードがあるときにつかむと倒れます。注意しましょう。
両手を広げ、横からハンドリムを強くプレスして最後につかみます。

2 後ろに進もう。

両手でハンドリムを持ち、前から後ろに動かしましょう。

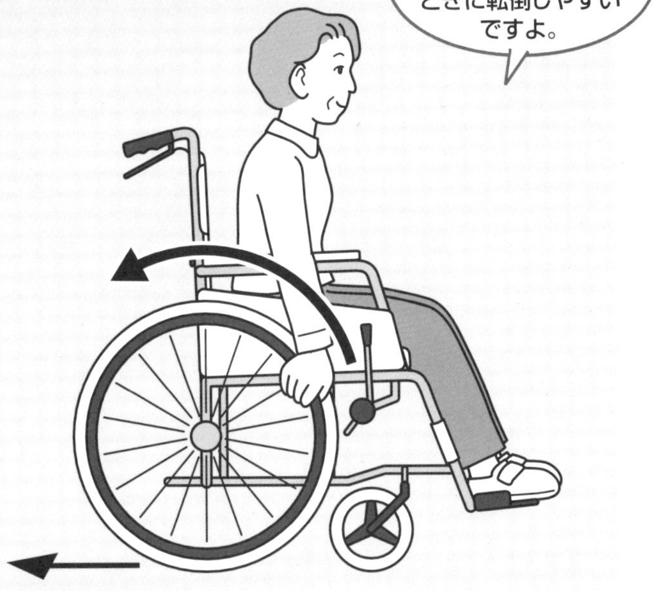
背シートにずっともたれていると、止まるときに転倒しやすいですよ。

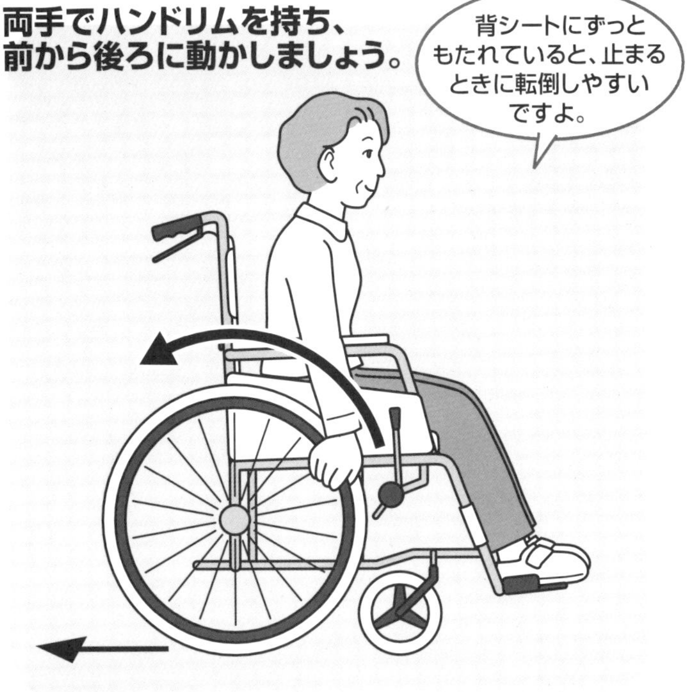

大きくひとこぎして止まりましょう。

回す方向
前

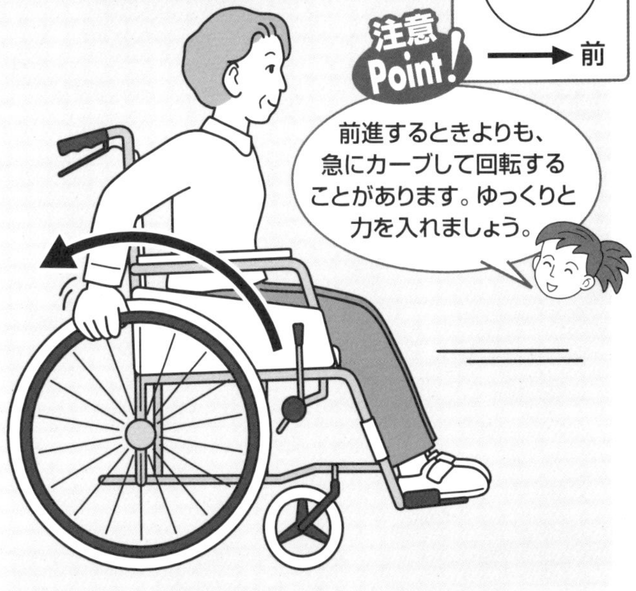
注意Point!
前進するときよりも、急にカーブして回転することがあります。ゆっくりと力を入れましょう。

3 前進と後進で人の間をすりぬけましょう。

- 止まっている人の間を…
- ゆっくり歩いている人の間を…
- 複数の人や車イスの間を…

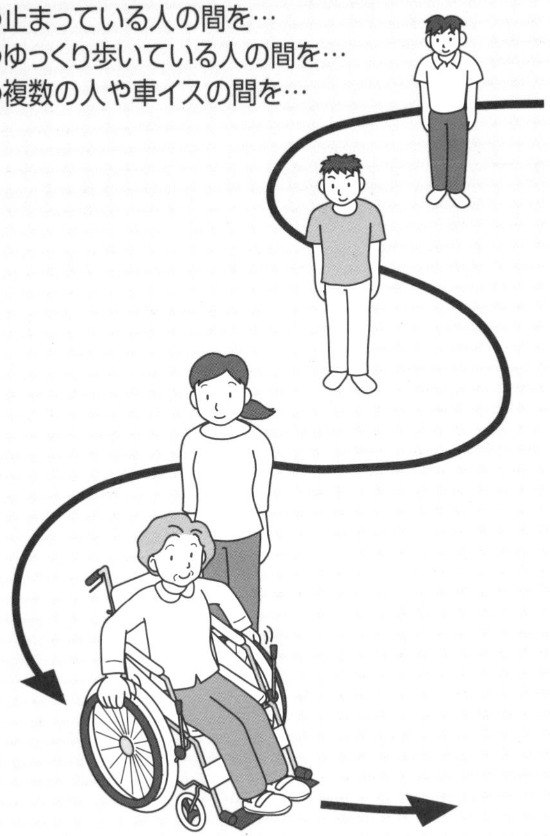

4 前進と後進で人のまわりをまわりましょう。

- 円の大きさを大きくしていきましょう。

5-1 その場でまわってみましょう。

45度

片手を固定して、もう片方の手を前45度から手前に動かしましょう。

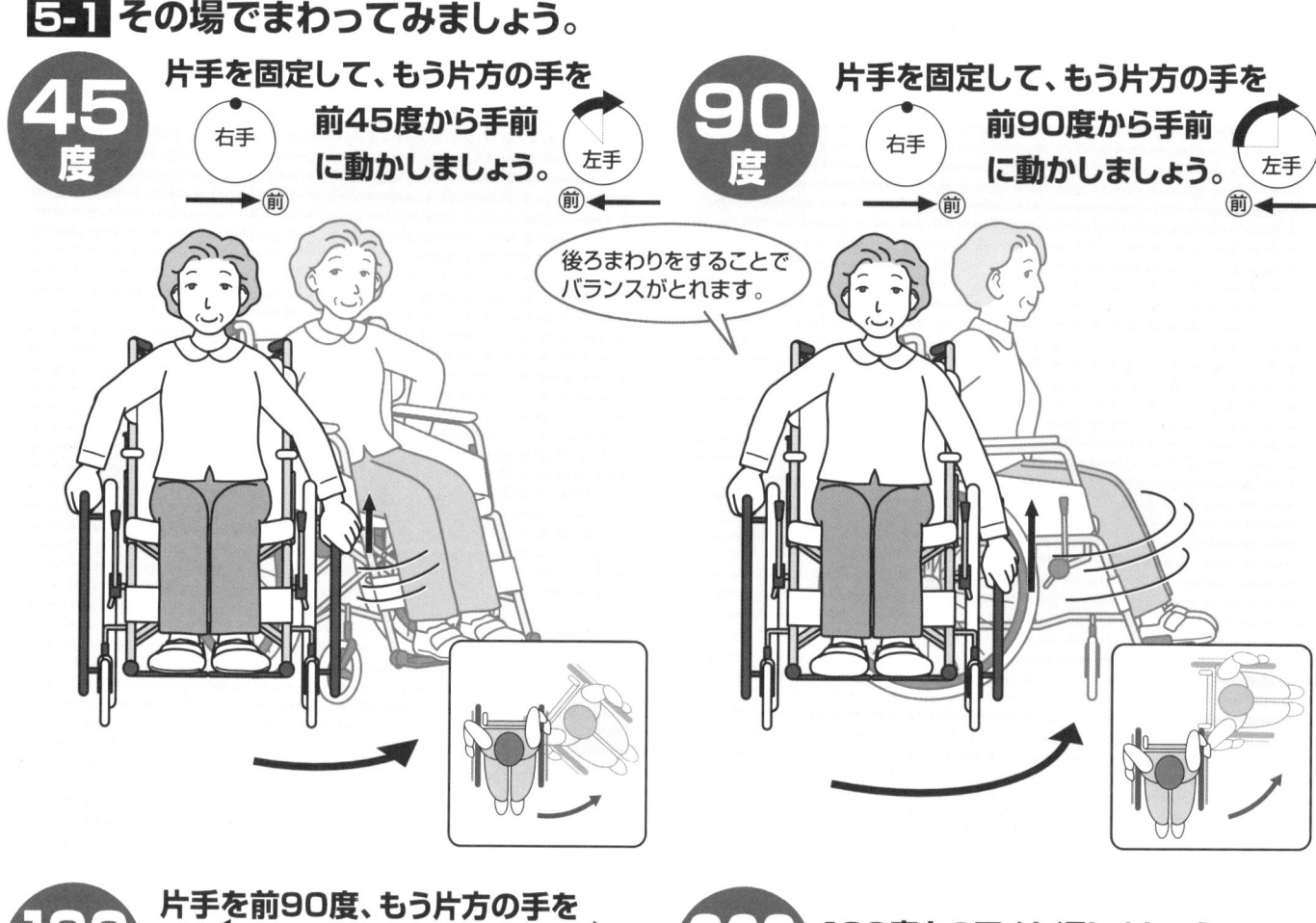

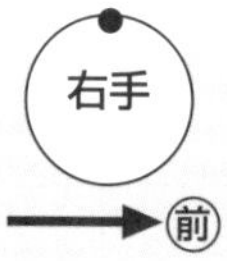

右手
前

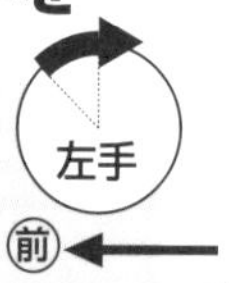

左手
前

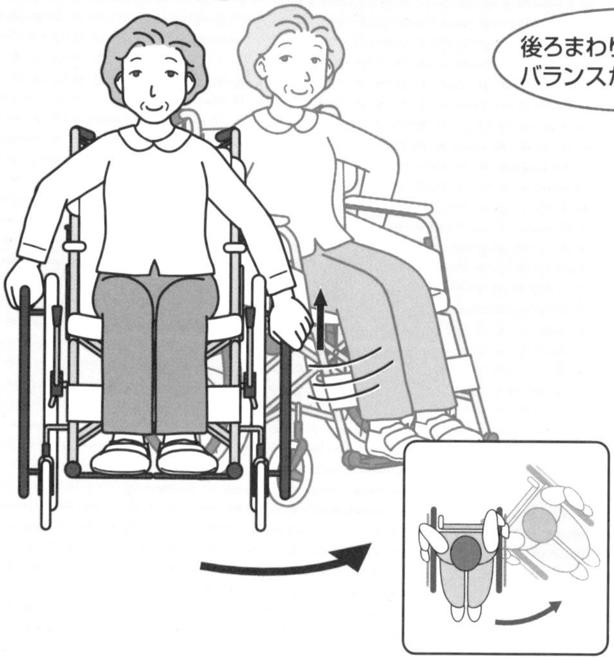

90度

片手を固定して、もう片方の手を前90度から手前に動かしましょう。

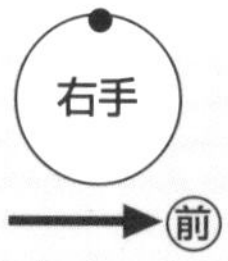

右手
前

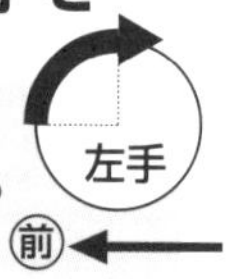

左手
前

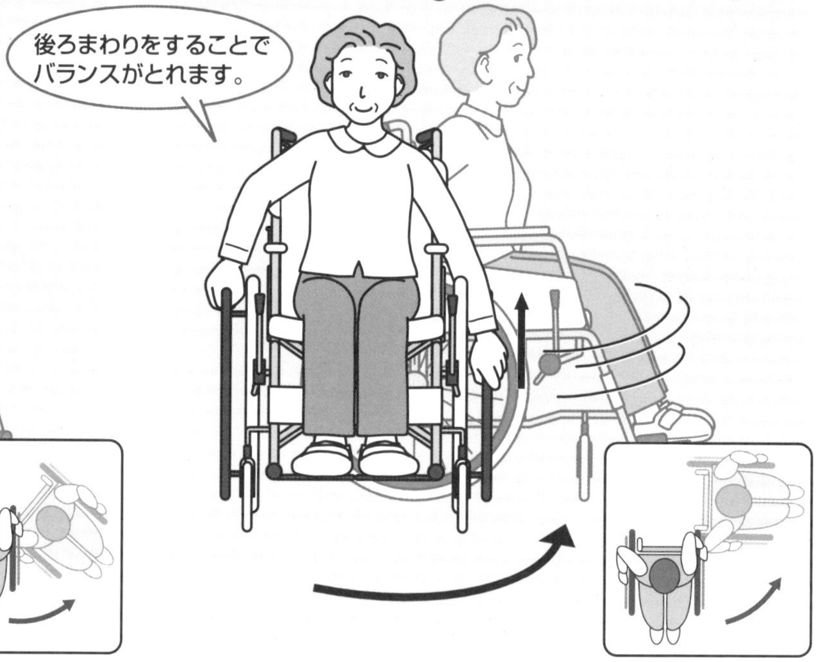

後ろまわりをすることで
バランスがとれます。

180度

片手を前90度、もう片方の手を後ろ90度の所から中心に向かって動かしましょう。

右手
前

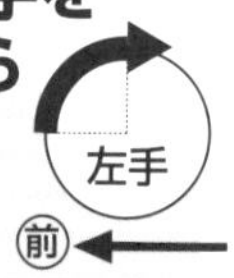

左手
前

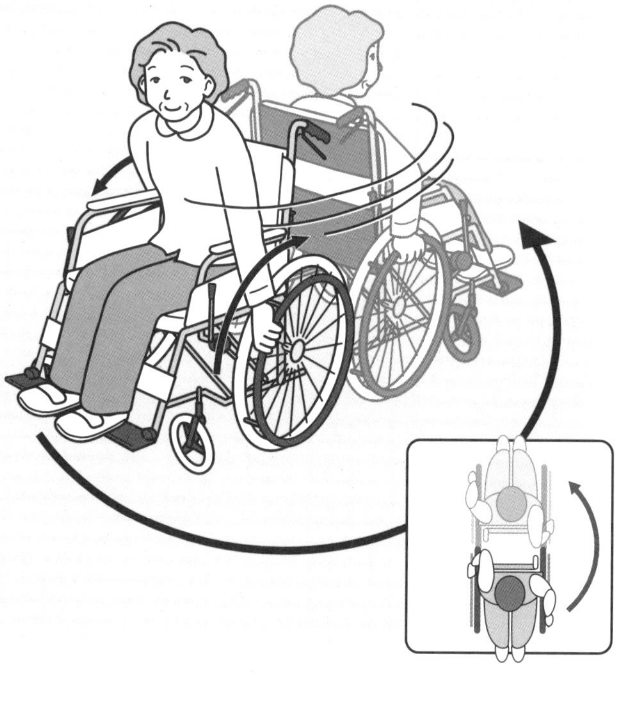

360度

180度を2回くり返しましょう。

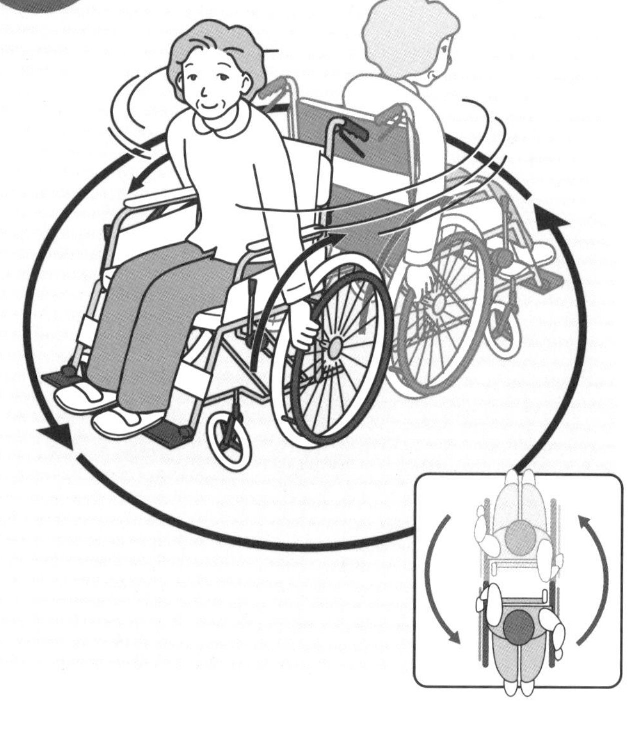

5-2 その場でまわってみましょう。

〈片マヒの方〉スタンドの人にサポートしてもらいましょう。グリップを使ってサポートしましょう。

45度

片手を介助して、もう片方の手を前45度から手前に動かしましょう。

左手
前

90度

片手を介助して、もう片方の手を前90度から手前に動かしましょう。

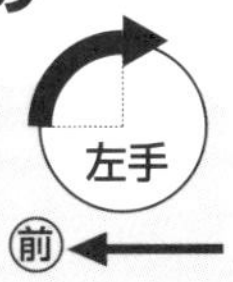
左手
前

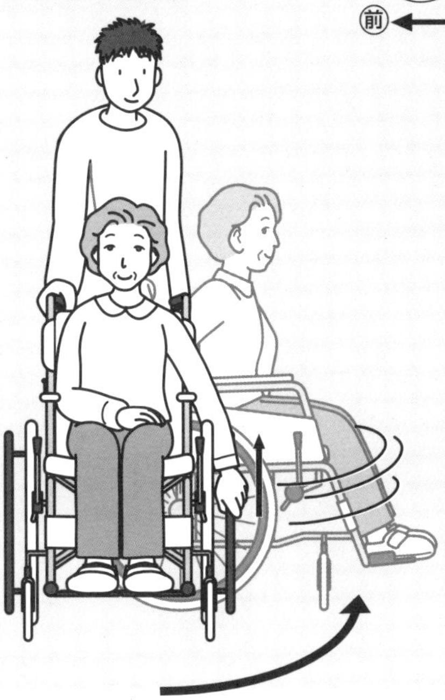

180度

健側の手を前90度の所から中心に向かって動かしましょう。

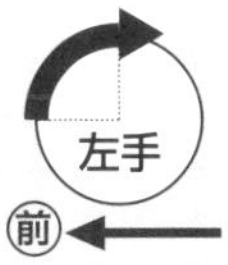
左手
前

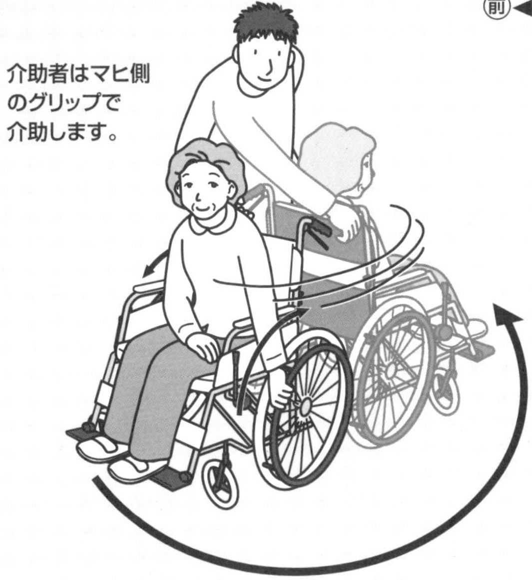
介助者はマヒ側のグリップで介助します。

360度

180度を2回くり返しましょう。

── まっすぐに進むことと方向を変えることを組み合わせましょう ──

6 ジグザグに前向きに進みましょう。（90度まわり）

方向を変えるときは、片手をそれぞれのハンドリムの前から後ろに動かし、もう片方は後ろから前に動かしましょう。

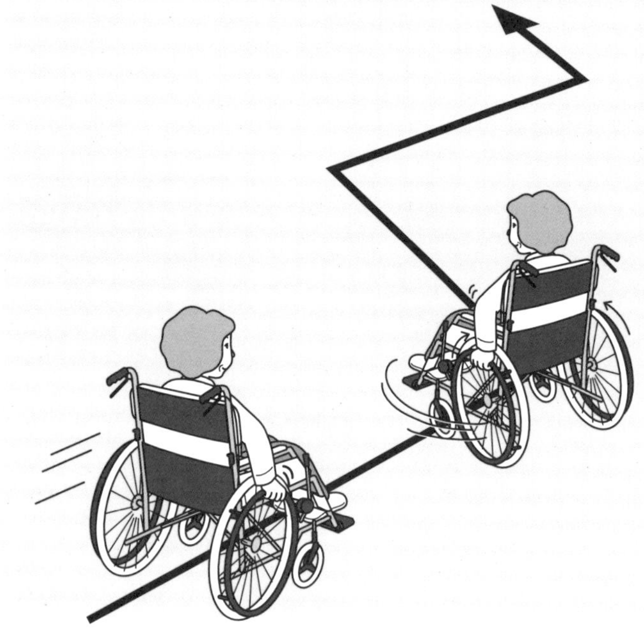

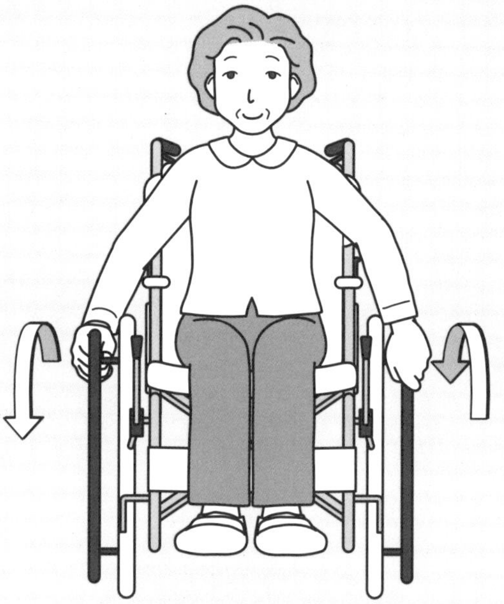

注意 Point! **転倒しないために**

車イスから背中を離してから、行ないましょう。
スピードを上げて行なうときは、必ずブレスしてからにしましょう。

7 ジグザグに後ろ向きに進みましょう。（90度まわり）

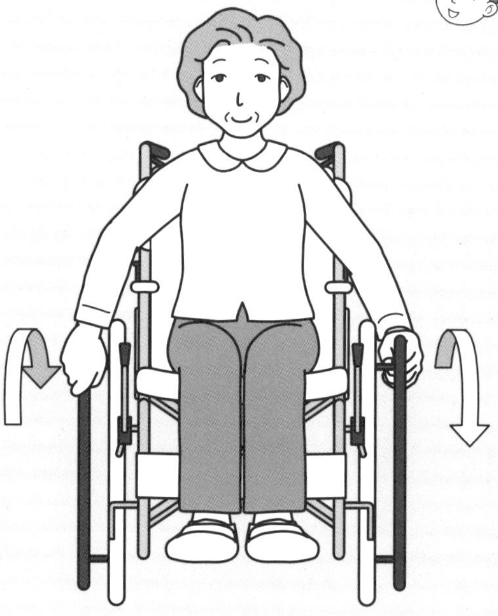

車イスで楽しむための基本テクニック ②

曲に合わせて練習しましょう。
曲:虹のかなたに（スローテンポ）

—車イスでできる楽しいダンスへ—

ふたりで動きましょう

向かい合う2人の心が一つになれば、
身体も心も軽やかになります。

3つの手の組み方を楽しみましょう。

車イスの人……ドライバー
立っている人…スタンドプレーヤー

1 向き合って手をつなぎましょう。（スタンドが主体）

前後・左右・回転など、様々な方向に移動しましましょう。

介助Point! 手は下から支えるように持ちましょう。

注意Point! ドライバーは肘を肩の高さまで上げ、肘を曲げて動かさないようにします。スタンドの人との距離を保つためです。ぶつからないように。

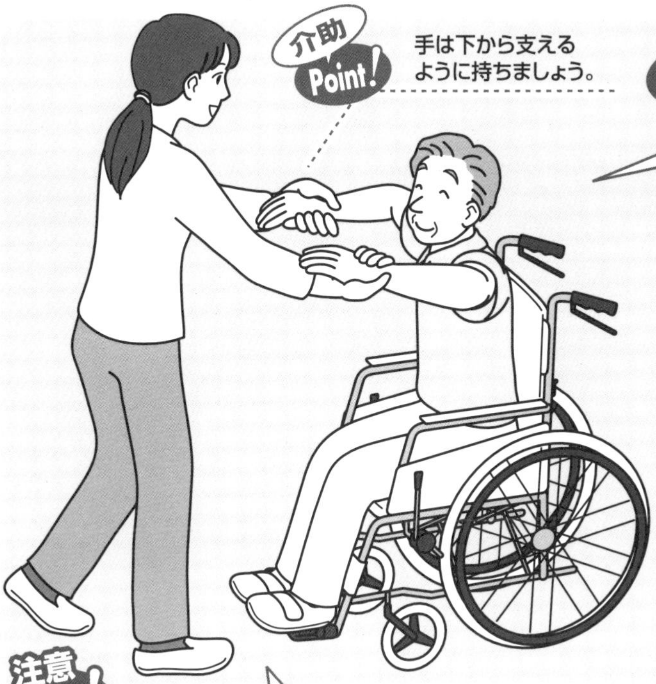

注意Point! スタンドの人は、ドライバーの手首を痛くないよう、しかし、離れないように下から支えるように持ちます。

2 同じ方向を向き、片手をつなぎましょう。（互いが主体）

スピードの変化を楽しみましょう。

注意Point! ドライバーは片手でハンドリムを、片手（マヒ側の手）で手をつなぎましょう。

注意Point! スタンドプレーヤーは、ドライバーのスピードに合わせて進みましょう。

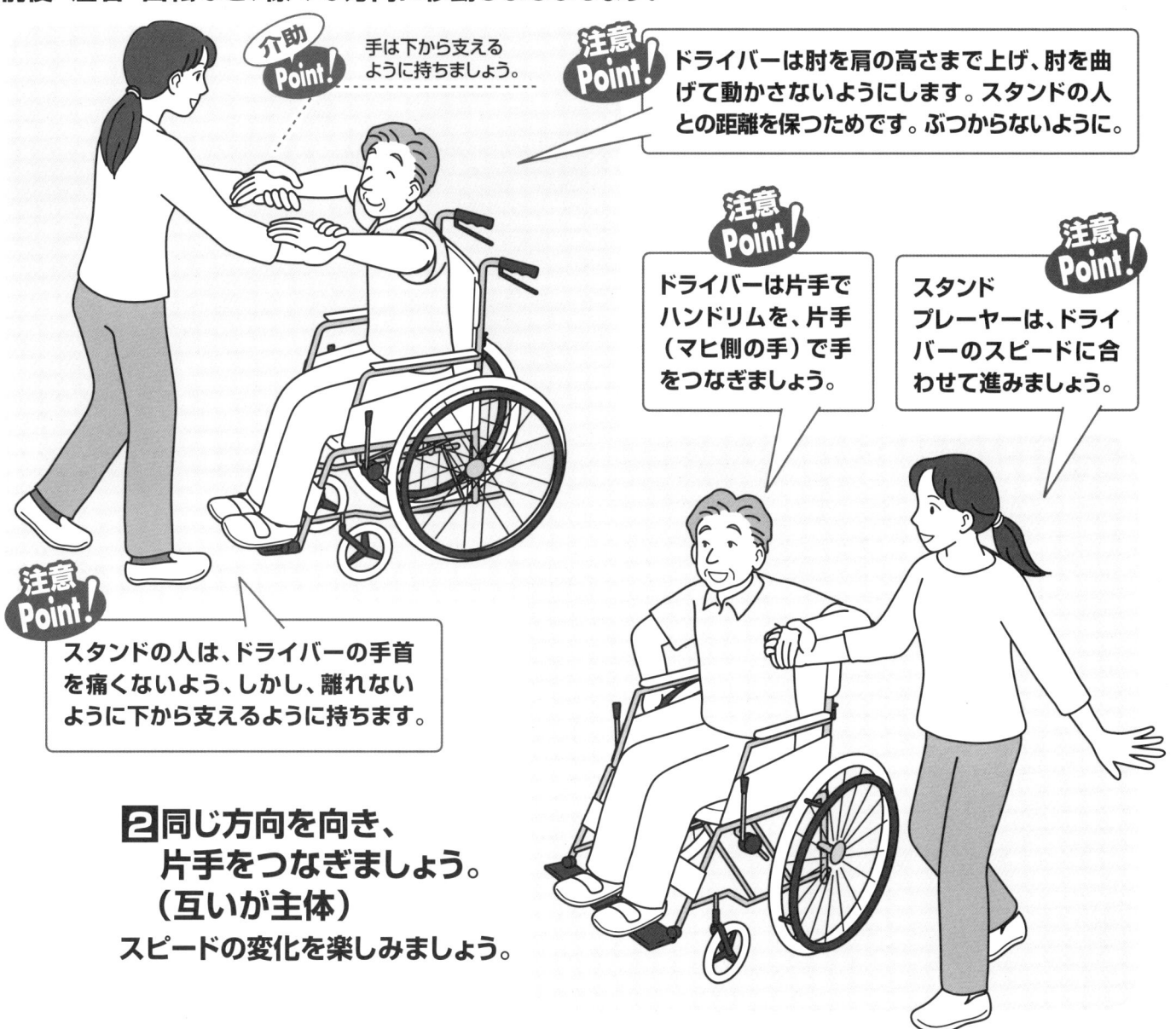

3 回転するために、同じ手同士（右手なら右手）で、手をつなぎましょう。（互いが主体）

曲に合わせることで、ゆったりとした気持ちになります。

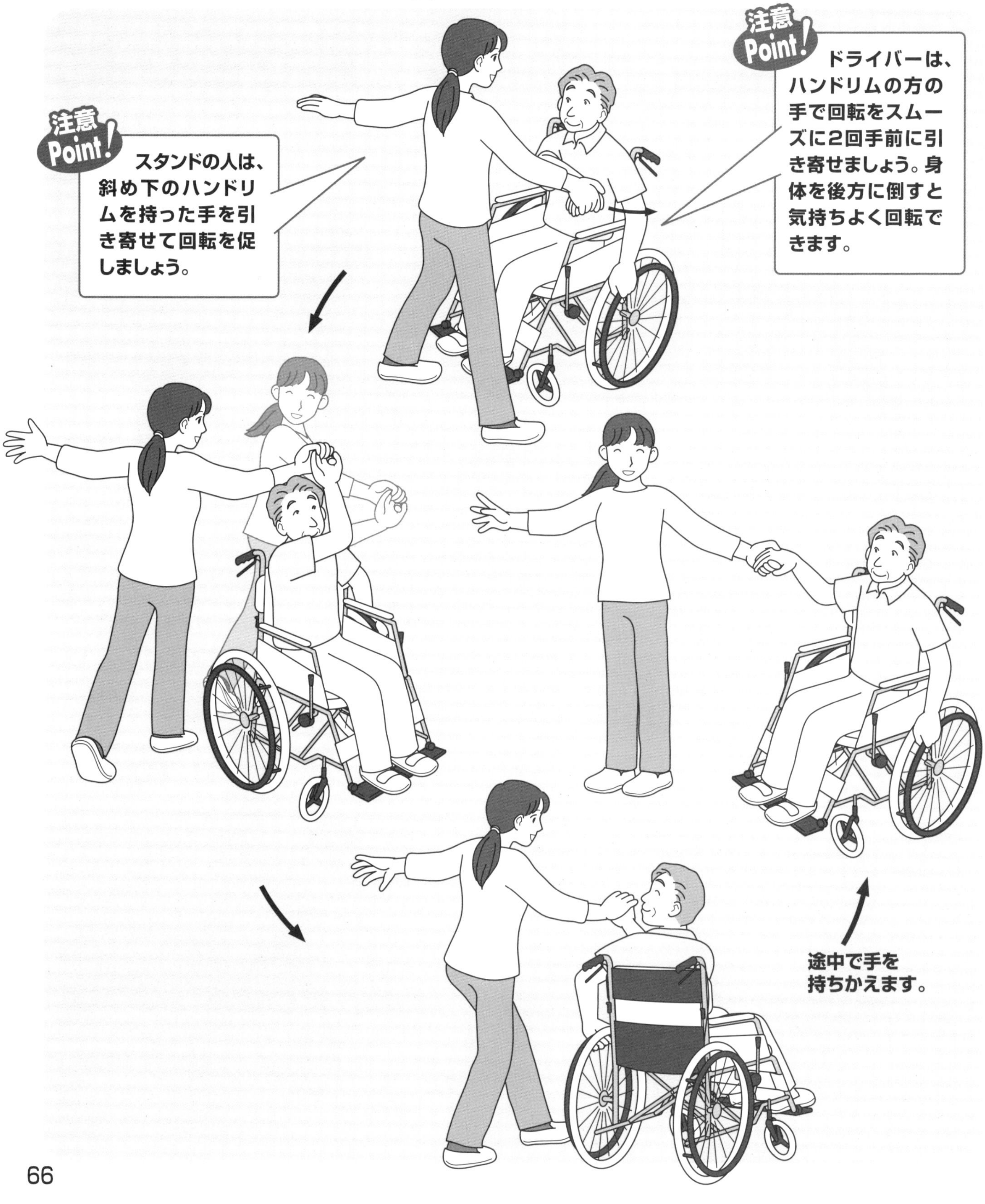
注意 Point!
スタンドの人は、斜め下のハンドリムを持った手を引き寄せて回転を促しましょう。
注意 Point!
ドライバーは、ハンドリムの方の手で回転をスムーズに2回手前に引き寄せましょう。身体を後方に倒すと気持ちよく回転できます。
途中で手を持ちかえます。

車イスでできる楽しいダンス

―車イスを足のかわりにして動ける喜びを知ろう―

配慮すべきこと

車イスは、健常者の中腰スタイルの高さにスピードの変化をつけて楽しむことができるものです。車イスダンスは、これらのことに加えて、音楽の心地よさやスタンドの人のステップの軽やかさといったことが、脱日常感の喜びとして味わえるものです。お互いの目を見て同じ時や空間を共有することで、心のぬくもりを感じさせる笑顔になれて、前向きな姿勢をつくりだします。ゆっくりと慣れながら、一人ぼっちでない気持ちを育てていきましょう。

子どもの場合の配慮

子どもの場合は、とくに、いっしょに動くことが、心をほぐすために有効な手段となるでしょう。ダンスもその一つです。介助者は、笑顔で目を見て接することを心がけると同時に、手を合わせてたたいたり、握り合ったりするふれあいを多く用いることによって、あたたかい体温を通しての安心感や信頼感が生まれるように心がけましょう。

音楽を使ったダンス

車イスダンス

―車イスでできる楽しいダンス―

① 曲に合わせて踊りましょう

手をつなぎ、車イスでくるっとまわり、
2人の心を一つに合わせ、ウキウキ! ドキドキ!

■レッスン(1)

ステップを覚えます。

曲:「だんご3兄弟」

①(その場で)両手をつないで
左右にステップをふみます。

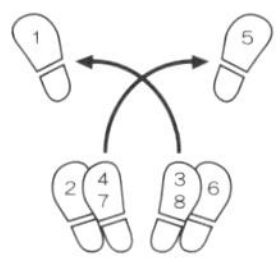

②ドライバーだけ
を回転させます。
(P66参照)

言葉がけのPoint!

足踏みを
しながら、リズム
をきざんで
みましょう。

■レッスン(2)

片手をつなぎ、スタンドの動きに合わせます。

前後に歩いたり、小走りしたり、ジグザグ移動しながら最後にストップしましょう。

Point!

ドライバーの人は、
肘の角度を変えないでね。
スタンドの人とぶつからないように
気をつけて!

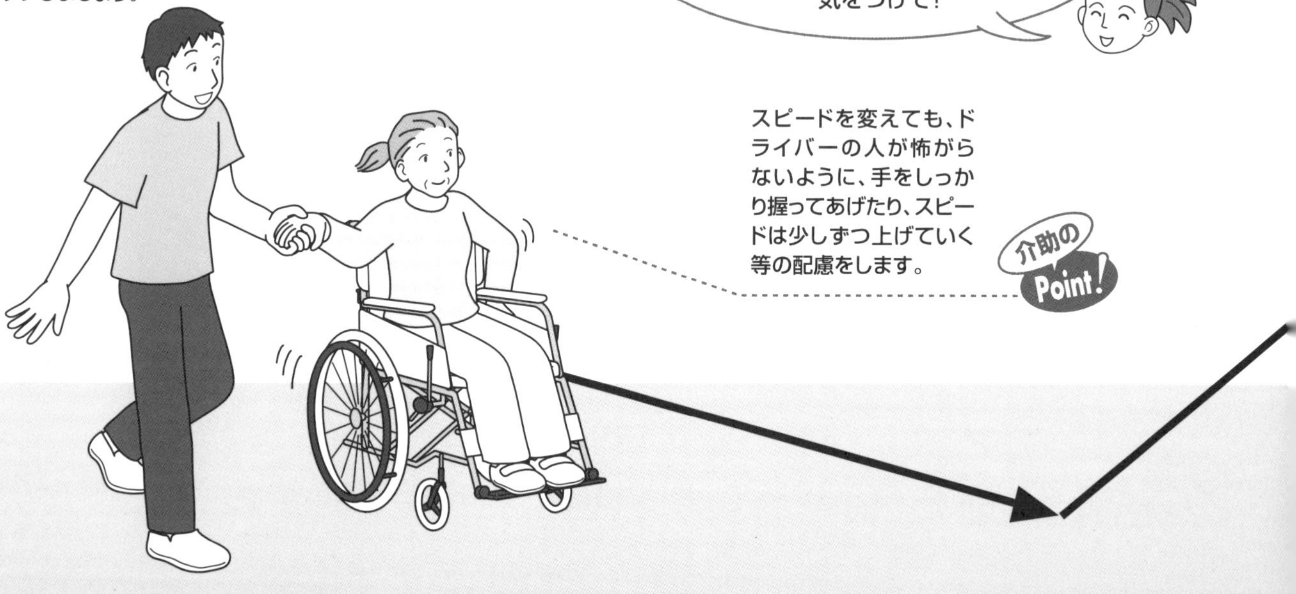

スピードを変えても、ドライバーの人が怖がらないように、手をしっかり握ってあげたり、スピードは少しずつ上げていく等の配慮をします。

介助のPoint!

このレクリエーションのねらい

車イスの動きを広げられるように、筋力やバランス能力を高めます。また、スタンドの人の軽やかな動きを見ることで、心地よさを共感できます。筋力や平衡性、空間認知能力の向上、心地よさの体験ができます。

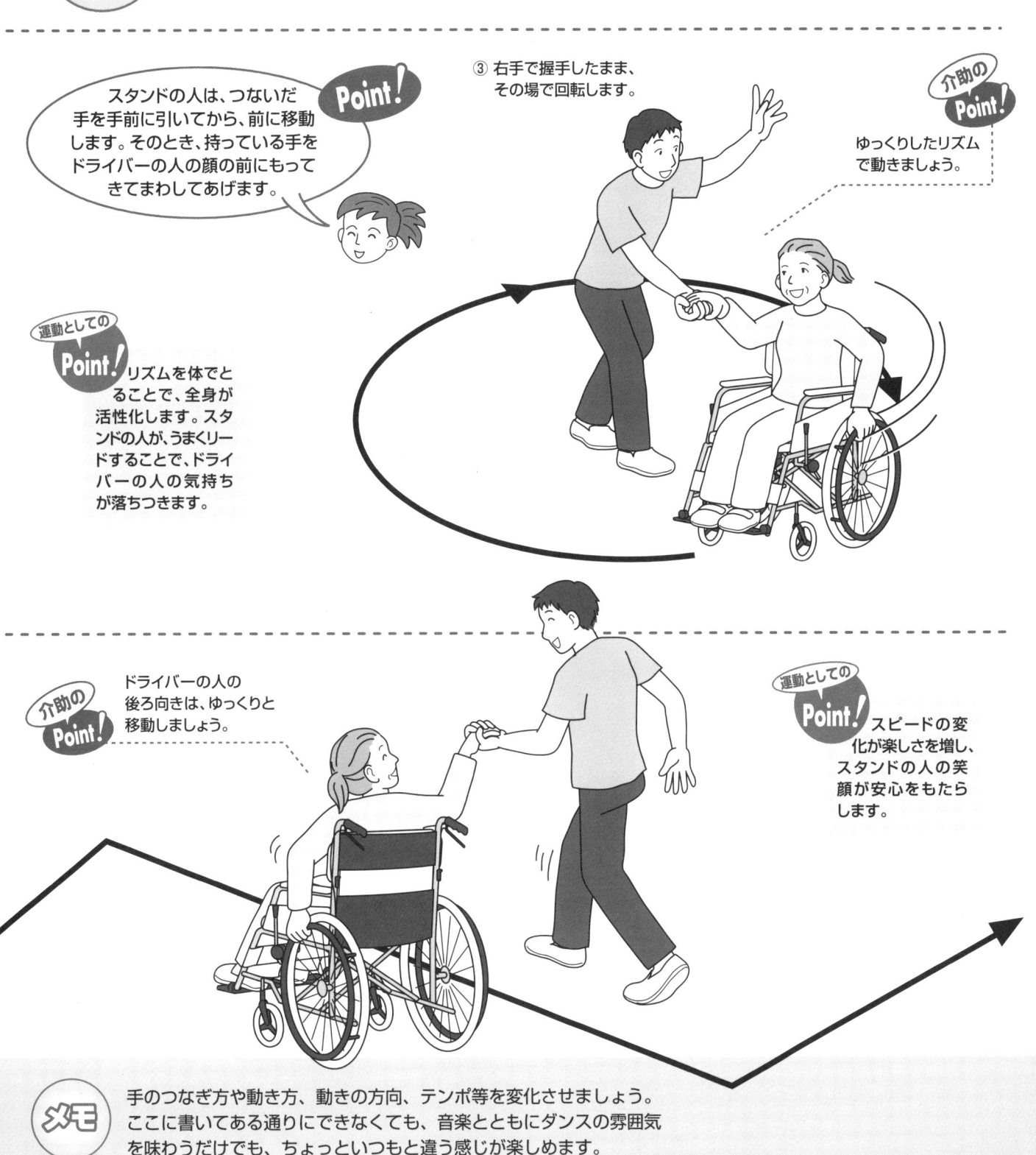

Point!

スタンドの人は、つないだ手を手前に引いてから、前に移動します。そのとき、持っている手をドライバーの人の顔の前にもってきてまわしてあげます。

③ 右手で握手したまま、その場で回転します。

介助のPoint!

ゆっくりしたリズムで動きましょう。

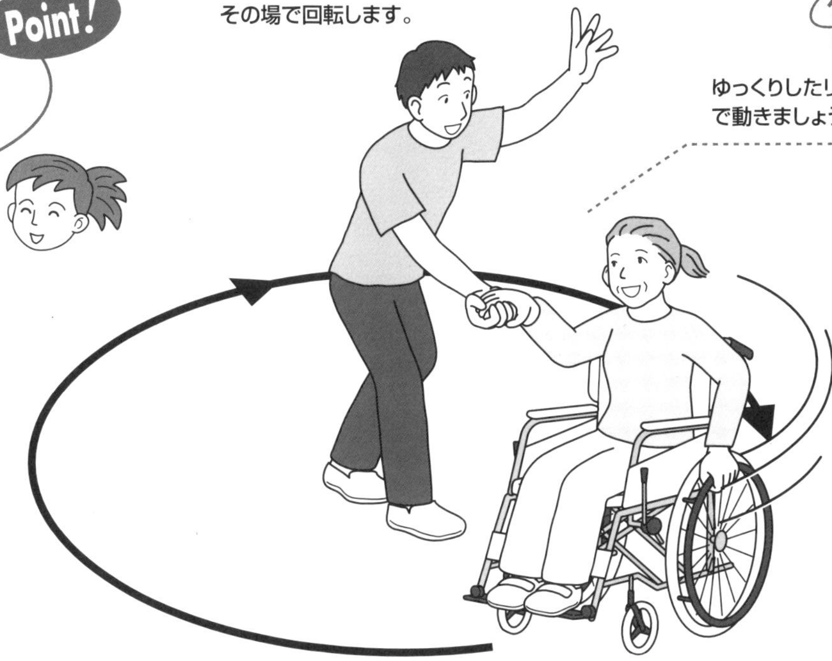

運動としてのPoint!

リズムを体でとることで、全身が活性化します。スタンドの人が、うまくリードすることで、ドライバーの人の気持ちが落ちつきます。

介助のPoint!

ドライバーの人の後ろ向きは、ゆっくりと移動しましょう。

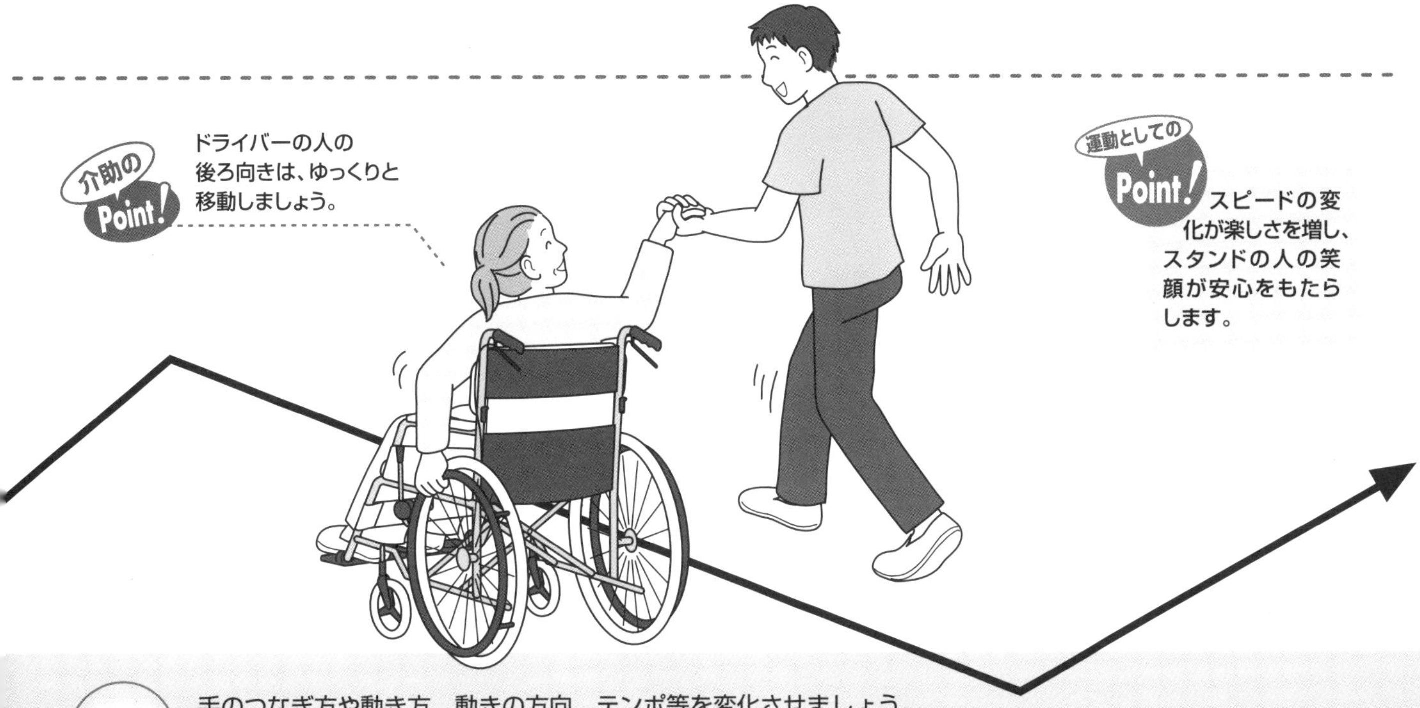

運動としてのPoint!

スピードの変化が楽しさを増し、スタンドの人の笑顔が安心をもたらします。

メモ

手のつなぎ方や動き方、動きの方向、テンポ等を変化させましょう。
ここに書いてある通りにできなくても、音楽とともにダンスの雰囲気を味わうだけでも、ちょっといつもと違う感じが楽しめます。

音楽を使った
ダンス

車イスダンス

②

—車イスでできる楽しいダンス—

曲に合わせて踊りましょう

リズムを変えて、ステップ変えて、
リードする人、される人、踊る楽しさは、いつもいっしょ!

■レッスン(3)

片手をつなぎ、レッスン(2)と同じステップでリズムを変えます。

曲:「ルパン」

スタンドプレーヤー…………ドライバーの人の方を向いて、ステップをふみます。
ドライバー………スタンドのリズムに合わせます。

横、前、横、後ろのステップ
1　2　3　4

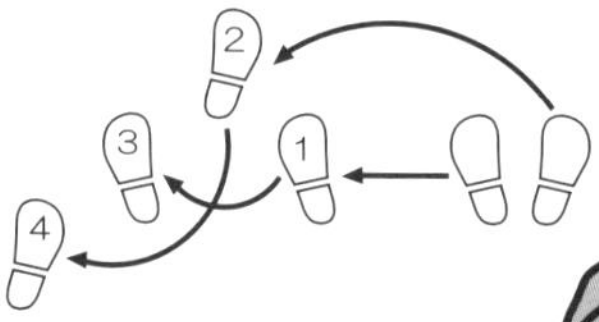

テンポを変えます。
ゆっくり、早くします。

横、前　　　横、後ろ
トトン　　　トトン

介助のPoint!
目線を合わせて
笑顔で動きます。

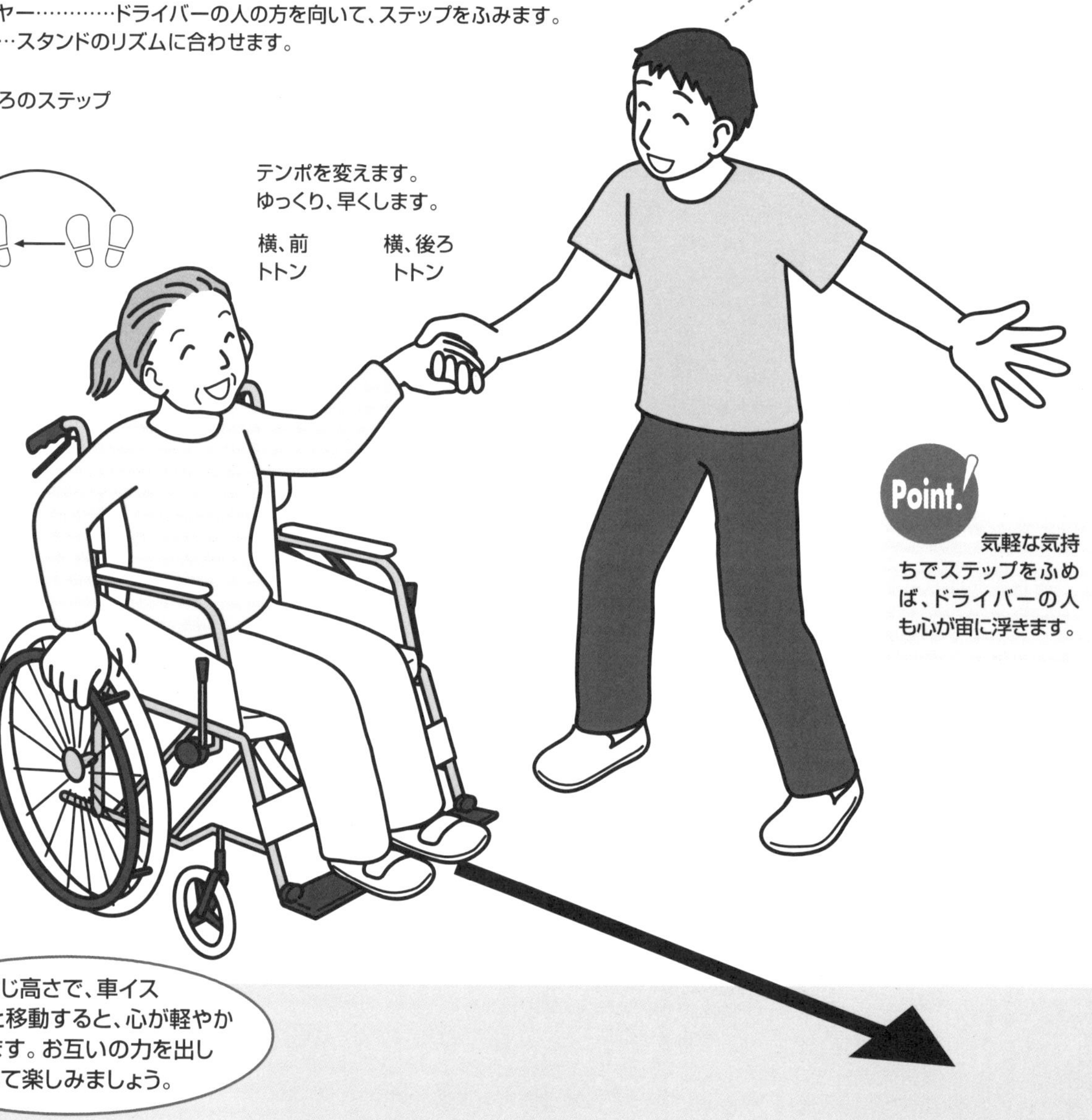

Point!
気軽な気持ちでステップをふめば、ドライバーの人も心が宙に浮きます。

Point!
同じ高さで、車イスがスーッと移動すると、心が軽やかになります。お互いの力を出し合って楽しみましょう。

このレクリエーションのねらい

曲に合わせ、スタンドプレーヤーが楽しむことで、ドライバーもいっしょに楽しむことができます。しかも、スタンドプレーヤーのリードによって、ドライバーが主体的に動くこともできます。主体的に動くことで、動きが大きくなり、可動域が広がります。リズム感、筋力、空間認知能力の向上につながります。

■レッスン（4）
曲に合わせよう。
スポットターン（自分でその場でまわろう）。

Point!

お互いの息を合わせて、楽しみながら動きましょう。

スタンドプレーヤーは、パートナーがスムーズにまわれるように、少し反動をつけてあげます。同じ方向に外まわりに互いにまわります。スタンドプレーヤーは、車イスの方（ドライバー）をむかえにいきます。

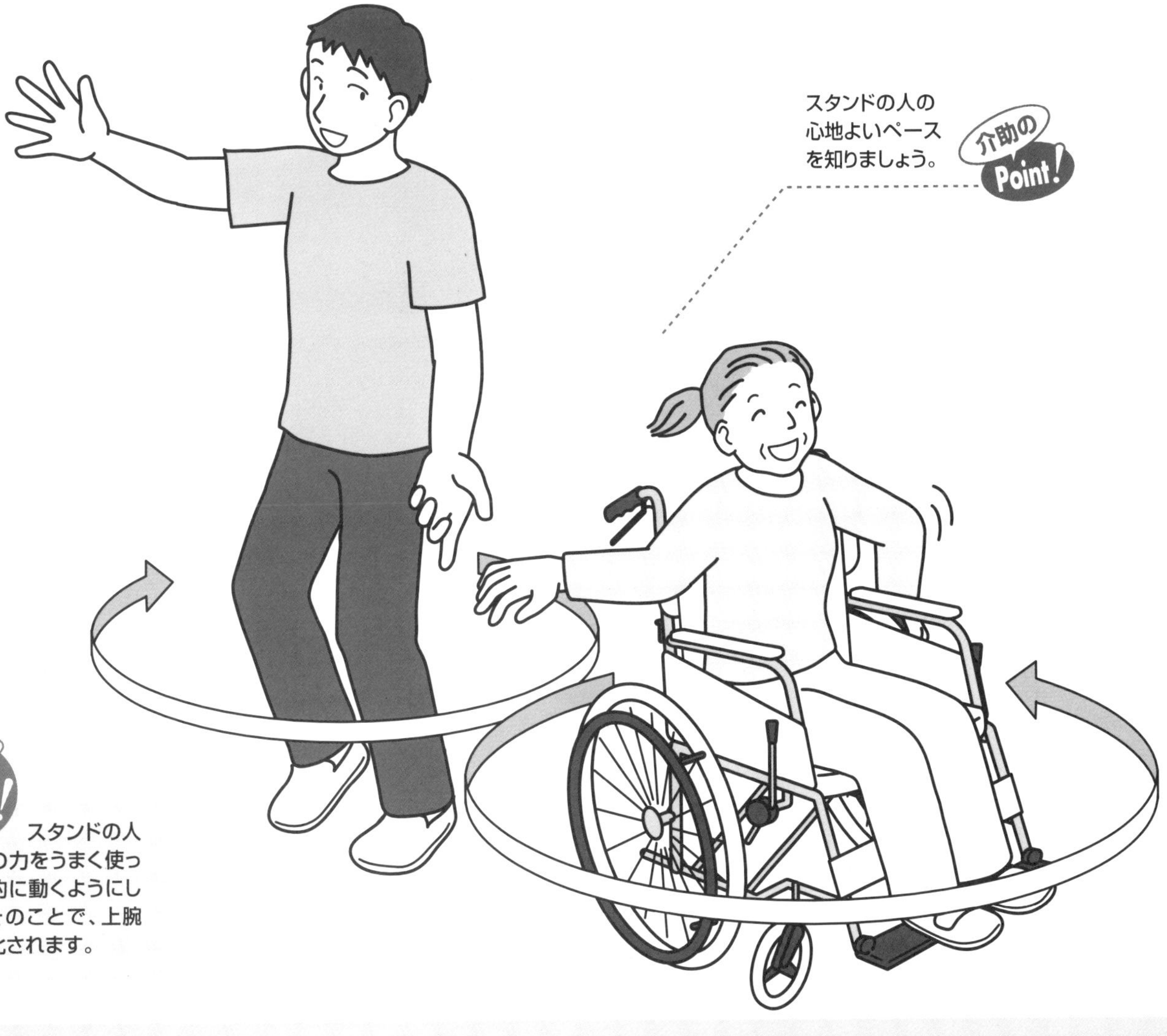

介助のPoint!

スタンドの人の心地よいペースを知りましょう。

運動としてのPoint!

スタンドの人が自分の力をうまく使って主体的に動くようにします。そのことで、上腕筋が強化されます。

メモ 同じステップをいろいろな曲で踊ったり、テンポを変えて楽しみましょう。

音楽を使ったダンス

車イスダンス

③ ―車イスでできる楽しいダンス―
曲に合わせて踊りましょう

やさしい曲にステップを合わせて、
優雅に床をすべるように動きながら、心地よさを楽しみましょう。

言葉がけ Point!

「すべるようなステップで!」
と言って、スタンドの人のステップが
軽やかになるようにしましょう。

■レッスン(5)
ワルツで進みます。

出した足に、次の足を引き寄せながら左右に移動します。前や後ろにも動きます。

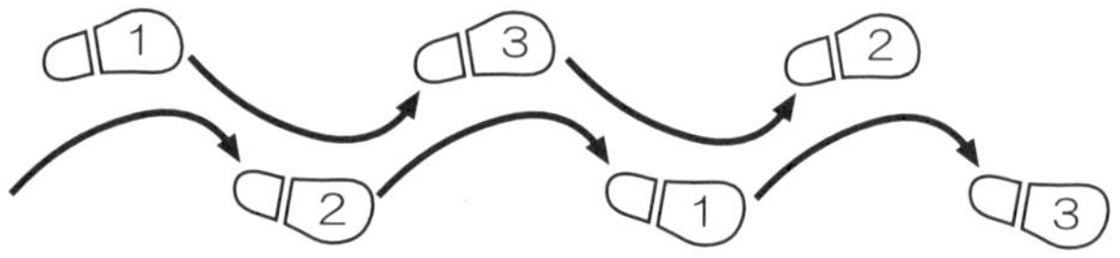

運動としての Point!

車イスは自分の力以上の力によってスピードの心地よさを感じることができます。

介助の Point!

スタンドの人は、笑顔でスムーズな動きを楽しみましょう。

このレクリエーションのねらい

互いに目線を合わせ、意志疎通を図り、ドライバーの人が心地よく動けるようリードすることで、心と体の活性化を図ります。

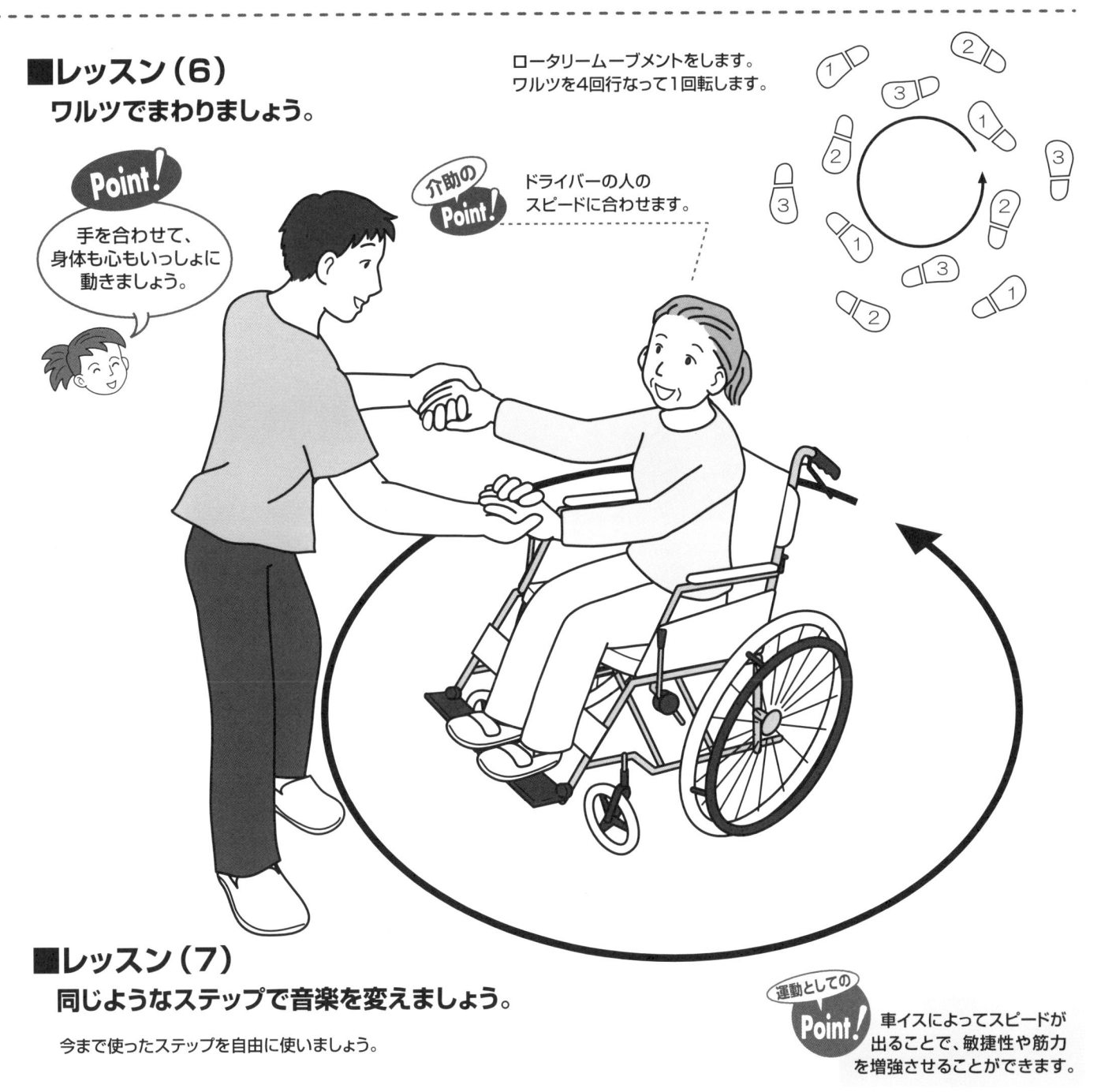

■レッスン(6)
ワルツでまわりましょう。

ロータリームーブメントをします。
ワルツを4回行なって1回転します。

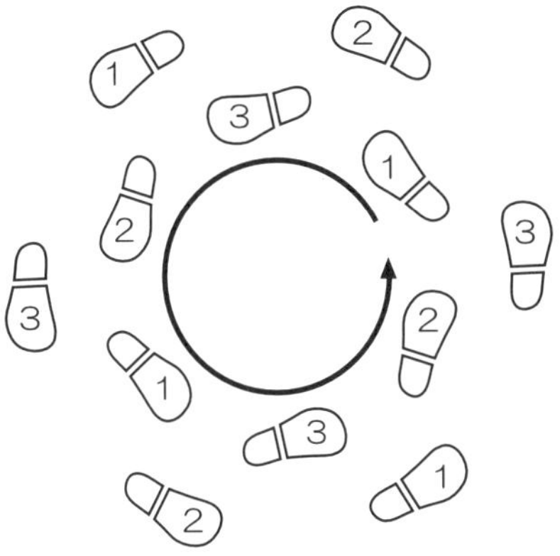

Point!

手を合わせて、身体も心もいっしょに動きましょう。

介助のPoint!

ドライバーの人のスピードに合わせます。

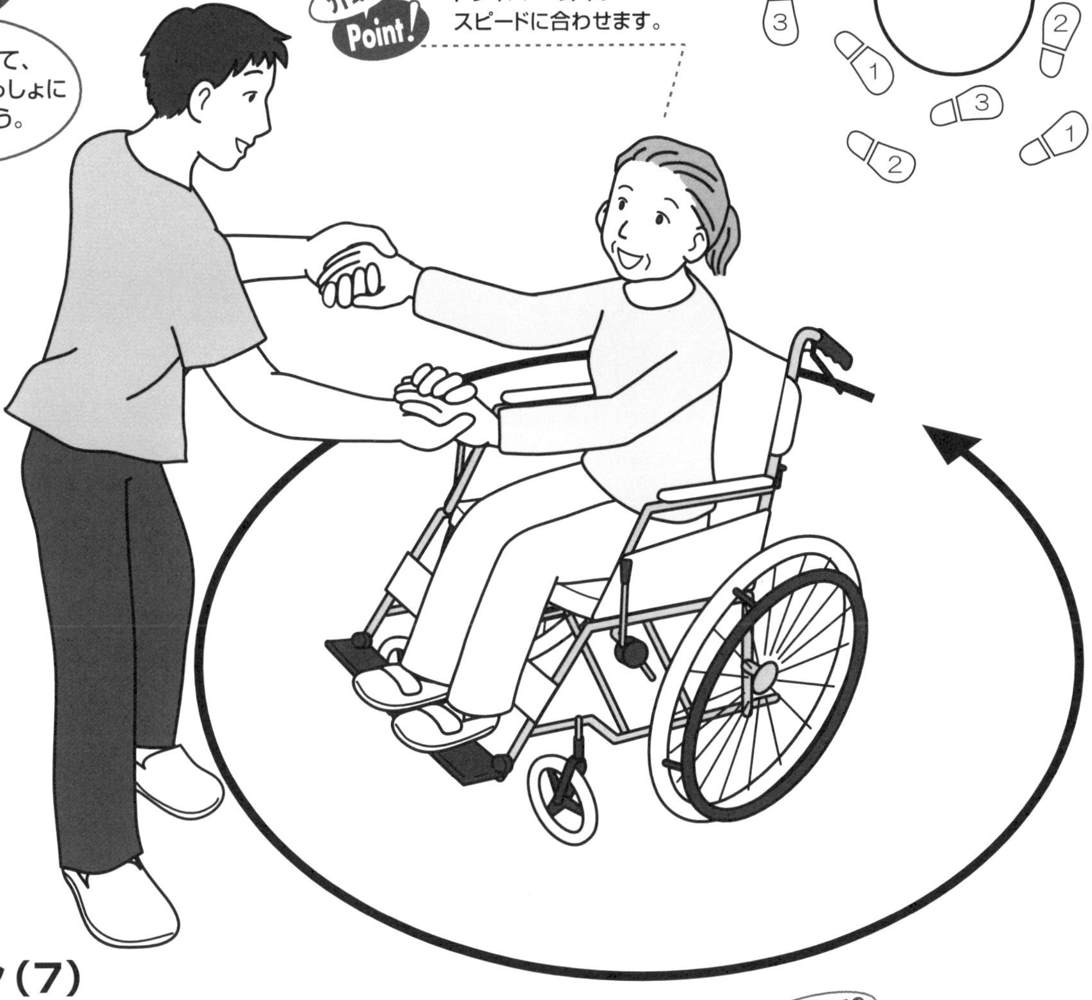

■レッスン(7)
同じようなステップで音楽を変えましょう。

今まで使ったステップを自由に使いましょう。

運動としてのPoint!

車イスによってスピードが出ることで、敏捷性や筋力を増強させることができます。

メモ

ワルツのゆったりとしたテンポに心をなごませると、音楽を変えても聞こうという意識を持つようになります。車イスゆえのスピードを十分に楽しみましょう。服を着がえて、ドレスアップ! パーティで踊ってみませんか。いろいろな機会に踊ってみると、友だちも増え、生活にも広がりが持てます。楽しんでくださいね。

音楽を使ったダンス

4

曲名
いとまきのうた

作詞:香山美子　作曲:小森昭宏

―車イスでできる楽しいダンス―
まきまきダンス

座ったままで声を出して、両手を大きく動かしながらとなりの人とトントントントン。上半身だけなので誰でもすぐに参加できます。

Point!
車イスの人もイスの人も、立っている人もみんないっしょに同じように動きます。

① いとまきまき　いとまきまき

手をからだの前に持ってきて、ぐるぐるまわす。

② ひいて

手を前で交差させてから、右手を横の人と合わせる。

ひいて

左手も同様に。

③ トントントン

横の人とリズムをとるような気持ちで手をたたく。

④ いとまきまき

右手から大きく外にまわした後、手を上にあげる。

いとまきまき

左手も同様にした後、横の人の手と合わせる。

⑤ ひいてひいて

横の人と手を合わせたまま、手を前後に揺らす。

Point!
肩のあたりが、ホコホコと温まるようにします。

トントントン

音楽に合わせて横の人と手をたたく。

このレクリエーションのねらい

肘を肩の高さに近づけ、肘を中心に動かすことで、首すじや肩のこりをほぐし、血行を促進させます。その上、人との軽いタッチが1人ではないという実感をもたせてくれます。上手にできなくても、しようとする気持ちや意識を高めるようにします。

⑥ できた できた

手を下からゆっくりと、外へまわしながら、上にあげる。

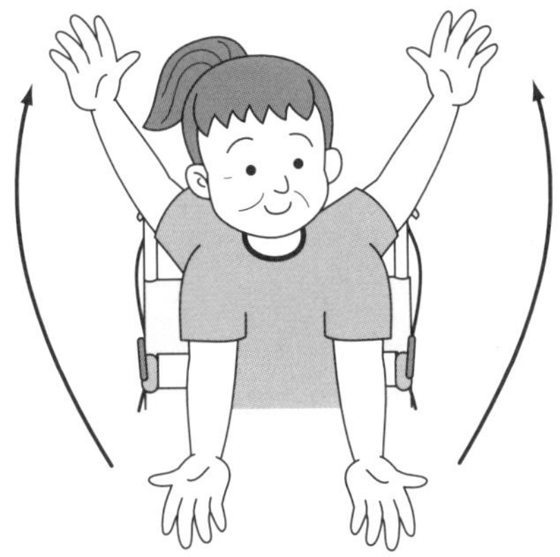

⑦ こびとさんのおくつ

リズムに合わせて手を上からジグザグに下ろしていく。

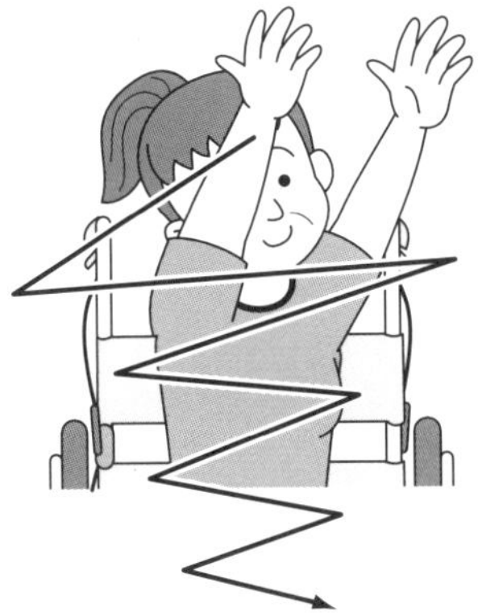

⑧ きれいに手をあらって　きれいに手をふいて

腕をしっかり伸ばして、脇もしっかり伸ばして上に伸びる（右から）。左手も同様に（左右交互に計4回）。

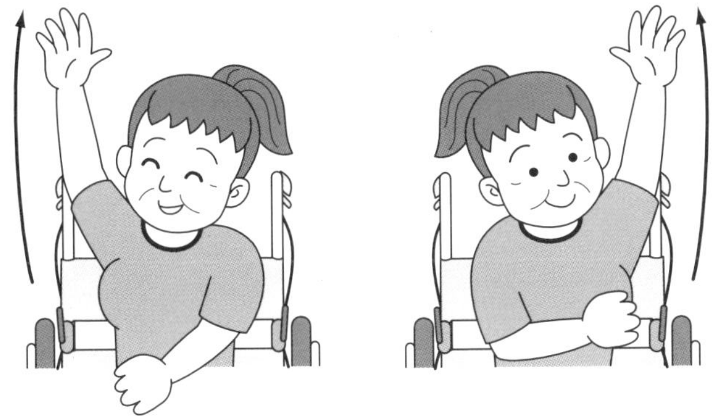

⑨ きれいにパンツはいて　きれいなぼうしかぶって

手をからだの横、上から下へと、右→左→右…と動かす。

⑩ こびとさんのおうちに

右側から手を交差させて、横の人の肩を3回たたく。（左も同様に）

⑪ いきましょう

両手を頭の上から前に下ろす。

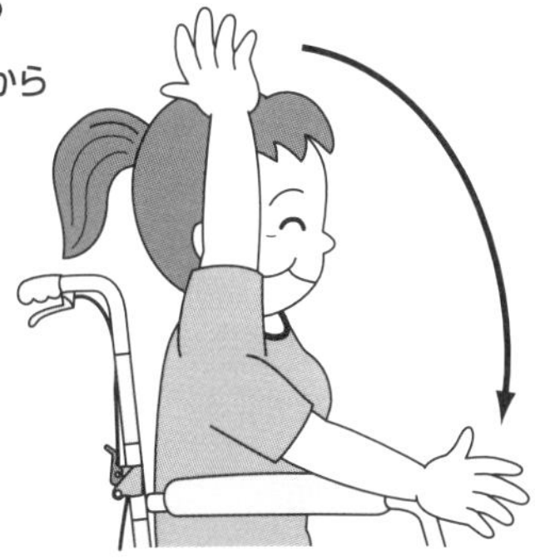

メモ

肩がだるくなったら、数回、腕を振りましょう。肘が上がらなくても、大きな声が出なくても、動こう、歌おうとする気持ちや前向きさが大切です。

音楽を使ったダンス

曲名
WAになって踊ろう

作詞・作曲:長万部太郎

—車イスでできる楽しいダンス—

5 WAになって踊ろう

WAになってみんないっしょに踊りましょう！
からだも心もラクラク!!

言葉がけ Point!

リズムが変わるところはトントントンと声をかけながら行なうと、動きが楽しくなります。

① うじゃけた顔してどしたの

手のひらを自分の方に向けてから、"トントントン" と横に動かし、最後に顔を隠す。

② つまらないなら ほらね

手のひらを外側に向けてから、からだの前で外側へ大きくまわす。

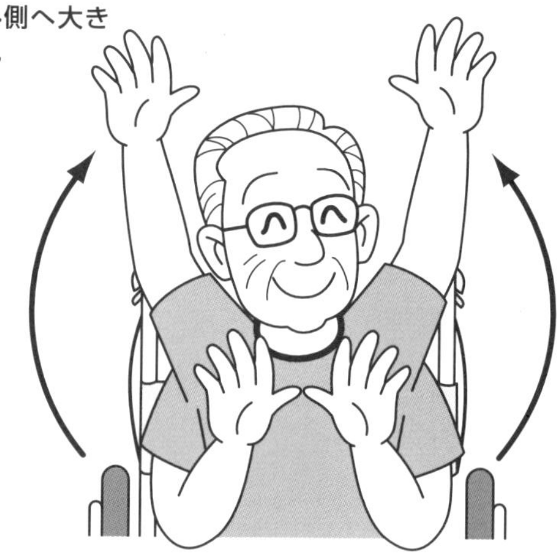

Point!

うたを歌いながら体を動かすと、筋持久力ばかりか心肺機能を向上させます。

③ 輪になって踊ろう みんなで

右、左に大きく手を揺らす。

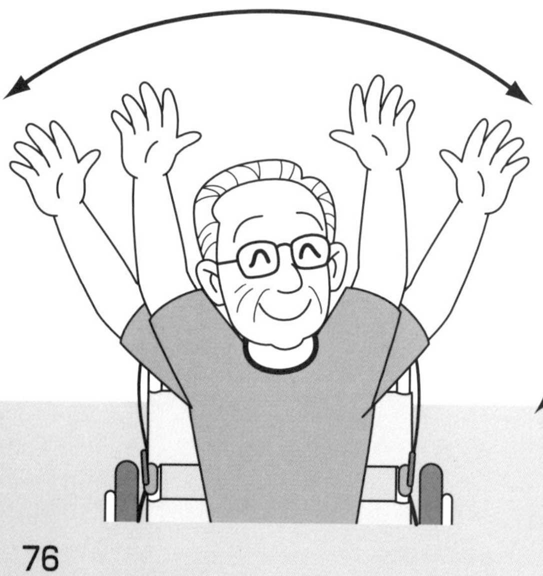

④ あそびも勉強もしたけど

右手、左手を順に前に出して、手首のみを "ウン、トン、トン" というリズムで横に動かす。

このレクリエーションのねらい

輪になって、ともに同じ動きを行なうことで、筋持久力やバランス、柔軟性などを向上させ、そして、精神面へも好影響を与えます。リズムは、体の動きを軽やかにさせ、活性化します。

⑤ わからないことだらけなら 輪になっておどろう

手をゆっくりと上から手前にまわしながら下へと下ろす。

Point!
覚えやすいフレーズのところは、みんなで歌いながら行ないましょう。

⑥ 今すぐ

膝をパーでをたたく。

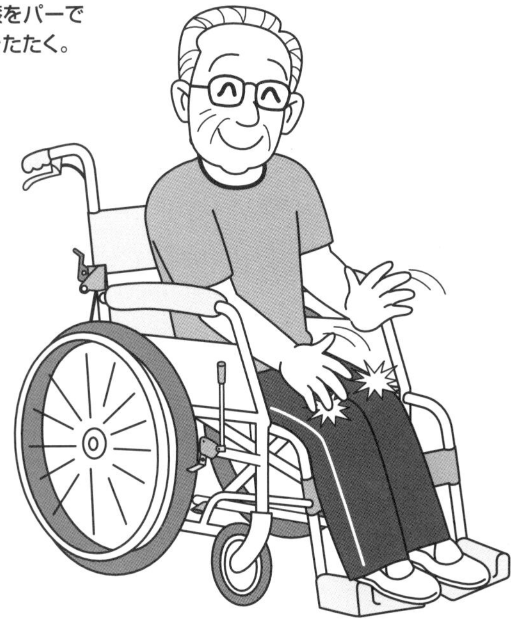

⑦ 悲しいことがあれば もうすぐ 楽しいことがあるから 信じてみよう

手をからだの前で手前に下から上に大きくまわす。（右左と交互に）

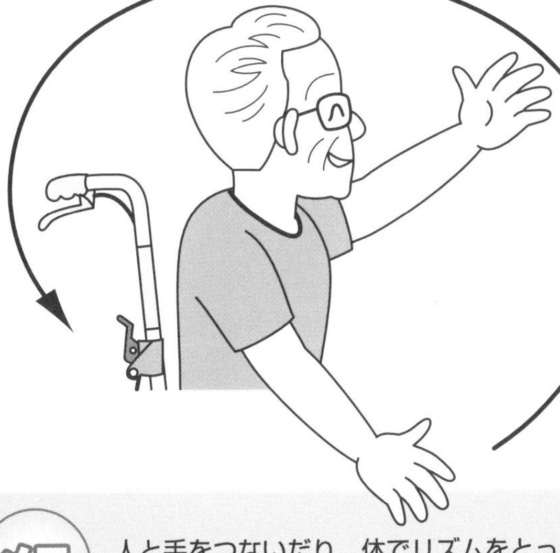

1～7をくり返す
〈これらをくり返す〉
間奏：手拍子をしたり、足でリズムをとったりして自由に動く。

メモ

人と手をつないだり、体でリズムをとったりしながら、体を動かす楽しさや人のぬくもりを感じましょう。

音楽を使ったダンス

6

曲名
春よ来い

作詞・作曲：松任谷由実

振り付け：渡辺則子

―車イスでできる楽しいダンス―

その場でできるスキンシップダンス

スロー、スローで微笑みながら、手の先から
ぬくもりを通わせ、心と心をつなげ合いましょう。

① あわきひかり立つ

車イスの人の右手を両手で握る。
（4呼間）

② にわかあめ

そのまま、手をすべらせて脇の
方まで移動させる。（4呼間）

Point!

「ずっと
目を見て、微笑み
ながら」ゆっくりと
動いて音を
楽しみます。

③ いとしおもかげの

互いに肘を曲げながら、
手首から肘までを合わせる。
（4呼間）

Point!

腕の内側を
合わせると、意外と
親近感を持たせて
くれます。ゆっくりと
「あなたを大切にして
いる」実感を伝え
ましょう。

④ じんちょうげ

互いの手を3回たたく。
（4呼間）

このレクリエーションのねらい

互いの手がふれることは、人とのコミュニケーションのはじまりです。相手の手や腕をゆっくりとなでれば、お互いの気持ちの安定につながります。また、微笑みが増えることで、人との距離が近づきます。なでられることに慣れていない人には、手をなでることを十分に行ないます。

⑤ あふるるなみだの つぼみから

（1から4までを今度は左手で行なう）

⑥ ひとつひとつ かおりはじめる

両手のひらを互いに合わせて、
半円を描きながら下に移動し、
（4呼間）
その後、もとにもどす。
（4呼間）

Point!
人によって
なでられてよい
範囲が異なります。
相手の気持ちに
そって行ない
ましょう。

⑦ それはそれは 空を越えて
やがてやがて 迎えに来る

手を合わせたまま、右手が上、左手が上と交互に動かす。
（2呼間）（4呼間）　×2回

⑧ 春よ…相手の目をお互いに見る。
遠き春よ…2人、両手の指を広げ、互いに握り、肘を曲げて近づく。
まぶた閉じればそこに…両手をつなぎ、揺らす。
愛をくれし君の
なつかしき声がする…両手をつないだまま、ゆっくり一周。

メモ

曲は聞き慣れた曲で、ゆったりとした気持ちになるものを選びましょう。
スキンシップは、体の末端から少しずつ中心部に向かっていきます。

おわりに

車イス利用者の方々の介助の方法は、福祉の場で働いていらっしゃる方々のためだけのものではありません。介護・医療はもとより、ボランティア活動をしておられる方々、そして、すべての方々に知っておいていただきたいことなのです。

また、心身のリフレッシュと活力の再新のために展開されるレクリエーションは、どの年齢レベルの方にとっても、また、障害をもつ、もたないにかかわらず、すべての人にとって必須であり、それらの正しい認識と理解が求められます。

車イスという特徴ある器具について知った上での、レクリエーションやダンスへのアプローチを、あわせておすすめします。

「よりよい社会」と「より人間的でいきいきとした豊かな生活」を求めるために、本書が役立つことを願っています。

早稲田大学　教授・医学博士　前橋　明

車イスに乗ることは、よりよい健康を目指したいという願望の表れです。健康の保持・増進のための運動の3要素、全身持久力、柔軟性・筋力に、リズムや心のくつろぎを加えることで、車イスレクリエーション&ダンスの要素が満たされていきます。そして、運動を継続するためには、楽しさ(笑い)は欠かせません。人生の質は、この『楽しさ』がキーワードとなるからです。

福祉・看護・教育などで、車イスに携わっていらっしゃるみなさん、是非とも車イスを必要とされている人たちの心や家族の想いを十分に理解していただきたいと思います。そして、ふれあう実践により、車イスレクリエーション&ダンスが生き甲斐のひとつになり、さらには、共生できる社会を創造していくための方法になるよう、さらに深めていきたいものです。

NPO法人 コミュニケーションネットワーク Links 理事長　渡辺　則子

＜編著者＞

前橋　明（まえはし　あきら）

早稲田大学人間科学学術院（健康福祉科学科）教授　医学博士

岡山県備前市出身。
鹿児島大学、米国・南オレゴン州立大学卒業、米国・ミズーリー大学大学院で修士号、岡山大学医学部で博士号。
倉敷市立短期大学教授、米国ミズーリー大学客員研究員、
バーモント大学客員教授、ノーウィッジ大学客員教授、セントマイケル大学客員教授を経て現職。
健康福祉科学からの児童福祉、福祉教育、幼少児の健康教育の学問と研究に従事している。
インターナショナルすこやかキッズ支援ネットワーク・代表。

＜著者＞

渡辺則子（わたなべ　のりこ）

NPO法人 コミュニケーションネットワーク Links 理事長

岡山県出身。
大阪体育大学卒業。岡山大学大学院　教育学研究科　修士課程修了。
くらしき作陽大学、倉敷看護専門学校、独立行政法人国立病院機構・岡山医療センター附属岡山看護学校、
玉野市障害児通園事業・わかえの園において非常勤講師を勤めながら、岡山県教育委員会にて
カウンセリングにもかかわる。また、自らNPO法人を立ち上げ、乳幼児から高齢者まで、
心と身体をすこやかに向かわせる活動に積極的に取り組んでいる。

＜執筆協力者＞

大阪信愛女学院短期大学　初等教育学科　心理学研究室　講師
芝　誠貴（しば　せいき）

すこやかキッズ支援ネットワーク・コーディネーター
平井佑典（ひらい　ゆうすけ）

早稲田大学　人間科学部　福祉教育研究室

宮本雄司　住吉美智子
深谷和加乃　廣木俊文
泉　秀生　藤本明夏
板口真吾　水野八月
北見洋介　峰　温子
木屋まどか　森島貴之
五味葉子

＜車イス・写真提供＞

株式会社松永製作所・アビリティーズ・ケアネット株式会社

ケアワーク・スキルアップ③

車イス介助のしかたとレクリエーション&ダンス

2005年10月　初版発行
2006年 3 月　2 版発行

編著者　前橋　明
著　者　渡辺　則子
発行人　岡本　健
発行所　ひかりのくに株式会社

〒543-0001　大阪市天王寺区上本町3-2-14　郵便振替　00920-2-118855　TEL06-6768-1155
〒175-0082　東京都板橋区高島平6-1-1　郵便振替　00150-0-30666　TEL03-3979-3112

ホームページアドレス　http://www.hikarinokuni.co.jp

印刷所　凸版印刷株式会社

©2005　乱丁・落丁はお取り替えいたします。

JASRAC 出0513220-602

Printed in Japan
ISBN 4-564-43054-8　C 3036
NDC369,17　80P　26×21cm